新基建丛书

陈雪鸿 何小龙 李俊 ◎ 著

NEW INFRASTRUCTURE

工业互联网 安全防护与展望

电子工业出版社
Publishing House of Electronics Industry
北京·BEIJING

未经许可，不得以任何方式复制或抄袭本书之部分或全部内容。
版权所有，侵权必究。

图书在版编目（CIP）数据

工业互联网安全防护与展望/陈雪鸿，何小龙，李俊著.—北京：电子工业出版社，2022.7
（新基建丛书）
ISBN 978-7-121-43616-1

Ⅰ.①工… Ⅱ.①陈… ②何… ③李… Ⅲ.①互联网络－应用－工业发展－网络安全－研究 Ⅳ.①F403-39②TP393.08

中国版本图书馆 CIP 数据核字（2022）第 094482 号

责任编辑：刘小琳　　文字编辑：李筱雅
印　　　刷：三河市鑫金马印装有限公司
装　　　订：三河市鑫金马印装有限公司
出版发行：电子工业出版社
　　　　　北京市海淀区万寿路 173 信箱　邮编　100036
开　　本：720×1 000　1/16　印张：15　字数：205 千字
版　　次：2022 年 7 月第 1 版
印　　次：2022 年 7 月第 1 次印刷
定　　价：89.00 元

凡所购买电子工业出版社图书有缺损问题，请向购买书店调换。若书店售缺，请与本社发行部联系，联系及邮购电话：（010）88254888，88258888。
质量投诉请发邮件至 zlts@phei.com.cn，盗版侵权举报请发邮件至 dbqq@phei.com.cn。
本书咨询联系方式：liuxl@phei.com.cn，（010）88254538。

序言

当前,以数字化、网络化、智能化为主要特征的新工业革命蓬勃兴起,加速推进了物理世界、数字世界和生物世界的深度变化,推动了全球经济结构、产业结构、国际分工的深刻变革。工业互联网将融合几次工业革命的成果,通过人、机、物的全面互联,全要素、全产业链、全价值链的全面连接,让工业化时代的机械、航空、船舶、汽车和信息化时代的互联网、云计算、大数据,一起走进智能工厂、数字化车间,构筑起第四次工业革命的重要基石。发达国家纷纷以工业互联网作为发展先进制造业的战略重点,加快推进工业互联网技术和产业发展。我国与发达国家基本同步启动工业互联网,并探索具有中国特色的工业互联网发展路径。

与此同时,伴随而来的工业互联网安全风险隐患日益突出。近年来,制造、能源等领域的工业互联网安全事件层出不穷,勒索攻击、僵尸网络攻击等攻击手段种类繁多,缓冲区错误、输入验证错误、授权问题、资源管理错误、拒绝服务等类型的高危漏洞威胁严重,工业互联网安全的整体形势复杂严峻。此外,联网工业控制系统数量及设备数量的持续增长扩大了攻击面,企业网络(控制网、管理网)的 IP 化发展让更多类型的攻击有了可乘之机,标识解析节点的规模化跨域认证和标识数据、服务的信息保护面临安全挑战,云平台存在安全责任边界不清晰、虚拟机逃逸等安全问题,数据采集、传输、存储、使用、共享、归档、销毁等全生命周期的安全风险无处不在,这些都充分表明工业互联网设备与控制、网络(含标识解析)、平台、数据等各个层面都面临着严峻的安全问题和挑战。

国家工业信息安全发展研究中心作为我国工业领域国家级信息安全研究与推进机构，坚持贯彻落实总体国家安全观，聚焦主责主业，从工业互联网平台、标识、边缘计算、数据等方面，深入研究分析当前工业互联网发展现状、安全风险和挑战、关键安全技术等内容，深入思考工业互联网安全发展的对策和路径，积极投入开展工业转型升级、工业互联网创新发展工程等国家重点项目建设，形成了一系列成果。

在不断总结项目成果和经验，走访调研多个工业互联网企业的基础上，笔者牵头执笔，编写形成了《工业互联网安全防护与展望》，以增进读者对于工业互联网安全的了解。本书聚焦平台、标识、边缘计算、数据安全等热点问题，紧扣当前工业互联网安全发展的重点和焦点，立足国内，放眼全球，主要分工业互联网安全概述、工业互联网平台安全、工业互联网标识解析安全、工业互联网边缘计算安全、工业互联网数据安全 5 章，可为相关行业的政府部门、企事业单位、科研机构的人员等提供参考。由于成稿仓促，加之笔者能力和认识有限，书中难免有疏漏和错误之处，恳请读者们批评指正。

感谢工业和信息化部科技司、信息技术发展司、信息通信管理局、网络安全管理局等各业务司局对笔者的支持与帮助，本书在写作过程中也得到了多个工业企业、安全企业和安全同人的指点和帮助，在此一并表示感谢。

本书的主要著者是陈雪鸿、何小龙、李俊，参加编写的还有杨帅锋、李耀兵、江浩、王冲华、孙岩、高建磊、樊佩茹、张雪莹、柳彩云、周昊、余果、李红飞、赵千、许丰娟、刘东东、李赟、毕婷、王允成、巩天宇、林晨、张伟、张禹衡。

陈雪鸿　何小龙　李俊

目录

 **第一章** 工业互联网安全概述 001

一、工业互联网的概念 002

二、工业互联网安全的内涵 003

三、工业互联网安全威胁与脆弱性 005

四、本书涉及的安全内容 008

 **第二章** 工业互联网平台安全 009

一、工业互联网平台的发展情况 010

二、工业互联网平台安全的防护现状 015

三、工业互联网平台安全的需求与边界 023

四、工业互联网平台安全参考框架 028

五、工业互联网平台安全的关键技术 045

六、工业互联网平台安全的发展展望 051

第三章 工业互联网标识解析安全 055

一、工业互联网标识解析概述 056

二、工业互联网标识解析安全现状与建设意义　064

　　三、工业互联网标识解析安全需求的特征和挑战　067

　　四、工业互联网标识解析安全框架　074

　　五、工业互联网标识解析安全关键技术　087

　　六、工业互联网标识解析安全的发展展望　095

第四章　工业互联网边缘计算安全　101

　　一、工业互联网边缘计算概述　102

　　二、工业互联网边缘计算安全的风险与挑战　110

　　三、工业互联网边缘计算安全防护　119

　　四、工业互联网边缘计算安全的未来展望　135

第五章　工业互联网数据安全　139

　　一、工业互联网数据的特征及重要性　140

　　二、全球工业互联网数据技术与产业发展概况　143

　　三、全球数据安全视角下的工业互联网数据安全
　　　　总体态势分析　150

　　四、我国工业互联网数据安全的现状与问题　157

　　五、工业互联网数据安全关键技术应用　161

　　六、工业互联网数据安全典型案例　174

　　七、工业互联网数据安全的发展展望　183

附录A　工业互联网创新发展行动计划（2021-2023年）　187

附录B　加强工业互联网安全工作的指导意见　211

附录C　工业互联网标识管理办法　221

附录D　工业数据分类分级指南　229

第一章
工业互联网安全概述

一、工业互联网的概念

工业互联网的定义在业界并未统一。美国通用电气公司（General Electric Company，GE）最早于 2012 年提出"工业互联网"的概念，随后美国 5 家行业龙头企业联手组建了工业互联网联盟（Industrial Internet Consortium，IIC），并将这一概念大力推广开来。GE 将工业互联网定义为开放、全球化的网络，工业互联网将人、数据和机器连接起来，属于泛互联网的目录分类。它是全球工业系统与高级计算、分析、传感技术及互联网的高度融合。

在东西方不同国家中，工业互联网的内涵和发展路径各有差异，其中最典型的是由 3 个国家提出的，包括 GE 于 2012 年提出的"工业互联网"、德国政府于 2013 年提出的"工业 4.0"战略，以及中国政府于 2017 年提出的"发展工业互联网"的战略规划。

在中国，对于工业互联网的描述，最权威的文件是《国务院关于深化"互联网+先进制造业"发展工业互联网的指导意见》。该文件对工业互联网进行了描述：工业互联网作为新一代信息技术与制造业深度融合的产物，日益成为新工业革命的关键支撑和深化"互联网+先进制造业"的重要基石，对未来工业发展产生全方位、深层次、革命性影响。工业互联网通过系统构建网络、平台、安全三大功能体系，打造人、机、物全面互联的新型网络基础设施，形成智能化发展的新兴业态和应用模式，是推进制造强国和网络强国建设的重要基础，是全面建成小康社会和建设社会主义现代化强国的有力支撑。

《国务院关于深化"互联网+先进制造业"发展工业互联网的指导意见》还对发展工业互联网的重要意义进行了描述：加快建设和发展

工业互联网，推动互联网、大数据、人工智能和实体经济深度融合，发展先进制造业，支持传统产业优化升级，具有重要意义。一方面，工业互联网是以数字化、网络化、智能化为主要特征的新工业革命的关键基础设施，加快其发展有利于加速智能制造发展，更大范围、更高效率、更加精准地优化生产和服务资源配置，促进传统产业转型升级，催生新技术、新业态、新模式，为制造强国建设提供新动能。工业互联网还具有较强的渗透性，可从制造业扩展成为各产业领域网络化、智能化升级必不可少的基础设施，实现产业上下游、跨领域的广泛互联互通，打破"信息孤岛"，促进集成共享，并为保障和改善民生提供重要依托。另一方面，发展工业互联网，有利于促进网络基础设施演进升级，推动网络应用从虚拟到实体、从生活到生产的跨越，极大拓展网络经济空间，为推进网络强国建设提供新机遇。当前，全球工业互联网正处在产业格局未定的关键期和规模化扩张的窗口期，亟须发挥我国体制优势和市场优势，加强顶层设计、统筹部署，扬长避短、分步实施，努力开创我国工业互联网发展新局面。

可以说，工业互联网通过人、机、物的全面互联，实现了全要素、全产业链、全价值链的全面连接，将推动形成全新的工业生产制造和服务体系。它不仅能提升生产力，还能通过改变生产要素之间的配置关系，提升全行业及全社会的生产力。

二、工业互联网安全的内涵

美国工业互联网联盟于 2018 年发布 *Industrial Internet of Things Volume G4: Security Framework*，从防护对象、防护技术、防护管理 3 个角度描述了工业互联网安全框架。防护对象包括设备终端、网络、应用、数据等，防护技术包括威胁防护、监测感知、处置恢复等，防护管理包括安全目标、风险评估和安全策略配置等。

近年来，我国加快了在网络安全领域的法制建设，成果丰硕。自2017年6月1日起实施了《中华人民共和国网络安全法》，自2020年1月1日起实施了《中华人民共和国密码法》，自2021年9月1日起实施了《中华人民共和国数据安全法》《关键信息基础设施安全保护条例》，并将自2021年11月1日起开始实施《中华人民共和国个人信息保护法》。这一系列法律及政策的实施，彰显了党中央、国务院对于加强网络空间治理、强化密码保护、规范数据安全、落实关键信息基础设施保护、保护个人信息等关系国家安全、国计民生、社会秩序、公民利益等方面的决心。对比工业互联网与关键信息基础设施的定义，在当前阶段，工业互联网具有列入关键信息基础设施保护目录的属性。未来随着关键信息基础设施保护的深入和工业互联网的发展，我国有可能按照关键信息基础设施安全保护的措施对工业互联网进行保护。

我国高度重视工业互联网的安全发展。党的十九届五中全会通过《中共中央关于制定国民经济和社会发展第十四个五年规划和二〇三五年远景目标的建议》，明确要系统布局工业互联网建设，并统筹发展和安全，建设更高水平的平安中国。近三年陆续发布的《国务院关于深化"互联网+先进制造业"发展工业互联网的指导意见》《加强工业互联网安全工作的指导意见》《工业和信息化部关于工业大数据发展的指导意见》等政策文件，都对工业互联网安全工作进行了部署，着力推进工业互联网安全保障工作。总体而言，我国工业互联网安全工作任重道远，亟须产学研用各方通力合作，切实解决安全痛点、难点问题，全方位构建强健的工业互联网安全保障体系。

2019年，工业和信息化部、国务院国有资产监督管理委员会、国家能源局等十部门联合印发《加强工业互联网安全工作的指导意见》（工信部联网安〔2019〕168号），将工业互联网安全防护对象主要分为设备安全、控制安全、网络安全、平台安全、数据安全。各类安全有以下主要内涵。

设备安全：指工业现场设备、智能设备、智能装备，以及工业互联网平台中负责数据采集的采集网关等设备的安全。

控制安全：指工业互联网业务中各类控制系统、装置、设施等的安全。

网络安全：指工厂内部有线网络与无线网络的安全，工厂外部与用户、协作企业等实现互联的公共网络（包括标识解析系统）安全，以及网络边界的安全。

平台安全：指支撑工业互联网业务运行的各类信息系统、应用程序等平台基础设施的安全。

数据安全：指工厂内部重要的生产管理数据、生产操作数据，以及工厂外部数据（如用户数据）等各类数据的安全。

三、工业互联网安全威胁与脆弱性

1. 工业互联网安全三要素

（1）可用性。可用性是指根据授权实体的要求可访问和可使用的特性。工业互联网可用性还需要考虑四点。一是可靠性，设备与控制安全中都涉及可靠性，可靠稳定运行是确保以设备和控制为载体的生产安全的基础。二是实时性。连续型工业从过程数据的实时采集、传输到控制指令的下达执行，周期短，一旦发生信号中断，容易触发系统级联反应。三是分布性。工业互联网涉及的采集、传输、控制等业务模块可能采用地理位置或空间位置上的分散布置方式，生产过程的实时性越高，分布性越强，需要考虑海量节点的接入安全。四是系统性。工业互联网在时间上具有时变性和连续性，在空间上具有分布参数和分布处理的特性，在技术上涉及的领域、设备、系统较多，在管理上涉及的部门、企业和层级较多，对系统性要求很高，网络安全防护具有很强的系统性。

（2）完整性。完整性是指准确和完备的特性。工业互联网大量采用计算机通信技术及新一代信息技术，确保重要信息不被篡改，完整性是能够抵御网络安全威胁的前提。

（3）保密性。保密性是指信息对未授权的个人、实体或过程不可用或不泄露的特性。工业互联网涉及大量的工业数据，做好工业数据分类分级是实施保密性策略的基础。

2. 工业互联网安全威胁

工业互联网主要网络安全威胁如表1-1所示。

表1-1 工业互联网主要网络安全威胁

序号	安全威胁	描述
1	黑客入侵	有组织的黑客团体进行恶意攻击、窃取数据，破坏工业互联网和系统的正常运行
2	旁路控制	非授权者发送非法控制命令，导致系统事故，甚至系统瓦解
3	完整性破坏	非授权修改系统配置、程序、控制命令；非授权修改交易中的敏感数据
4	越权操作	超越已授权限进行非法操作
5	无意或故意行为	无意或故意地泄露口令等敏感信息，或不谨慎地配置访问控制规则等
6	拦截篡改	拦截或篡改广域网传输中的控制命令、参数设置、交易报价等敏感数据
7	非法用户	非授权用户使用计算机或网络资源
8	信息泄露	口令、证书等敏感信息泄密
9	网络欺骗	Web服务欺骗攻击；IP欺骗攻击
10	身份伪装	入侵者伪装合法身份，进入系统

续表

序号	安全威胁	描述
11	拒绝服务攻击	发送大量雪崩数据，造成网络或系统瘫痪
12	窃听	搭线窃听明文传输的敏感信息，为后续攻击做准备
13	勒索	利用病毒对数据进行恶意加密等手段破坏数据可用性，多为达经济目的

3. 工业互联网安全脆弱性

（1）通用脆弱性。为推动互联互通，工业互联网往往采用公开协议及通用操作系统，但这种兼容性降低了攻击门槛。通信和计算资源受限，技术措施难以叠加。产业生态尚未建立，安全责任主体难以明确。

（2）平台脆弱性。多数工业互联网平台缺乏安全框架，安全策略不明确，权限控制难以有效实施。从各层来看，如 IaaS 层的脆弱性在于虚拟机逃逸、跨虚拟机侧信道攻击、镜像篡改等。PaaS 层的脆弱性在于敏感信息泄露等威胁。SaaS 层的脆弱性在于 App 漏洞、API 通信安全、用户权限管控、开发者恶意代码植入等。

（3）隔离策略局限性。传统以隔离和访问控制为主的被动防御策略并不适合工业互联网开放互联环境下动态、主动的防御策略需求，边界模糊、海量设备及异构网络互联会带来隔离策略实施的不确定性。

（4）本体脆弱性。设备与系统漏洞众多，缺乏有效补丁或难以实施补丁修复，且国外设备和系统众多，未知后门与漏洞难以有效管控。

（5）数据脆弱性。数据流动方向和路径复杂，防护难度较大，窃听、拦截、篡改、丢失、恶意加密勒索时有发生，且数据存取的及时性和安全性也面临较大挑战。

（6）管理脆弱性。熟悉工业控制和信息安全的复合型人才严重缺乏、培训不充分、安全意识不足、技术能力不足、有效监测度量缺乏等。

（7）物理脆弱性。机房、设备、办公区域缺乏有效的物理保护，供电不稳定，以及自然灾害，电磁干扰等。

四、本书涉及的安全内容

受书稿撰写的时间和笔者经验所限，本书仅对设备安全中的边缘计算安全、网络安全中的标识解析安全，以及平台安全和数据安全进行了描述，第二章为工业互联网平台安全，第三章为工业互联网标识解析安全，第四章为工业互联网边缘计算安全，第五章为工业互联网数据安全。

第二章
工业互联网平台安全

一、工业互联网平台的发展情况

（一）工业互联网平台概述

工业互联网平台是面向制造业数字化、网络化、智能化需求，构建基于海量数据采集、汇聚、分析的服务体系，支撑制造资源泛在连接、弹性供给、高效配置的工业云平台。

典型的工业互联网平台技术架构为"智能终端（边缘）+云架构+工业 App"，一方面，平台承载了工业知识与微服务，向上支撑工业 App 和云化工业软件的开发和部署，为企业客户提供各类应用服务；另一方面，工业互联网平台向下实现海量的多源设备、异构系统的数据采集、交互和传输，支持软硬件资源和开发工具的接入、控制及应用。

国际主流工业大国都在大力推进工业互联网建设，并以工业互联网平台为引擎，探索工业制造业数字化、智能化转型发展新模式。

随着国内外对工业互联网平台变革性质和重要作用的认识的不断深入，制造企业、自动化企业、通信企业、互联网企业等各类主体聚焦自身核心能力，基于公有云、私有云或混合云构建面向不同行业领域、不同技术架构、不同运行模式的工业互联网平台，旨在提升设备连接、设备管理、数据存储及处理、数据高级分析、软件应用管理、平台应用开发、整合集成等服务能力，用于满足工业领域设备产品管理、业务运营优化、社会化资源协作 3 个方面的需求，以实现降低成本、提高效率、提升产品品质和服务品质、创造新价值四大成效。

针对工业应用场景，工业互联网平台通过各类机器设备、人、业务系统的互联，促进数据跨系统、端到云的流动，基于数据分析、建模和应用，实现数据驱动的生产、运营闭环优化，形成新的业务模式和新的业态。与传统工业 IT 架构相比，工业互联网平台促使流程驱动的业务系统转变为数据驱动的应用范式，为工业企业提供了基于数据的新技术、新方法、新服务和新价值。

（二）全球工业互联网平台

在国际经济开放融合的背景下，随着 5G 网络、人工智能、大数据等新兴技术的发展，全球工业互联网平台保持高速增长态势。据咨询机构 IoT Analytics 的统计，2019 年全球工业互联网平台（包括物联网平台）企业数量达到 620 个，2020 年 10 月 23 日，全球著名 IT 研究机构 Gartner 发布《2020 全球工业互联网平台魔力象限报告》，预测"到 2025 年，使用工业物联网平台来改善工厂运营的工业型企业比例，将从 2020 年的 10%增加到 50%。到 2025 年，将收购或投资工业物联网平台公司的全球大型工业型企业的比例，将从 2020 年的 5%增加到 25%"。各类企业对于工业互联网平台的参与热情和布局力度持续高涨，呈现下列特点。

1. 制造巨头凭借已有的工业积淀拓展平台市场

制造巨头凭借主机厂的优势，打开工业互联网平台市场。西门子 MindSphere 平台和通用电器 Predix 平台从关键通用设备入手，借助在底层工业装置的数据采集、工业知识的封装和复用、信息资产建模等方面的优势，基于自有系统实现工业现场设备、工业数据、企业运营数据、人员及其他资产的相互连接；库卡 KUKA Connect 平台、安川电机 MMcloud 平台、霍尼韦尔 Sentience 平台等通过机器人、机床等设备优势，开展工业设备数据的深层次采集，为各家企业提供状态监控、设备维护提醒、实时故障发现等产品增值服务。

2. 工业互联网平台对不同工业场景形成适配

IT 优势企业以数据算法、通信连接等为切入点，探索工业应用场景。在数据算法方面，以微软、亚马逊为代表的互联网巨头为平台提供各类大数据、人工智能通用算法框架和工具，与工业企业客户联合研发，形成可视化管理、质量分析优化、预测性维护等工业解决方案；在底层连接方面，思科等通信巨头也开始将平台连接能力和服务能力向工厂内渗透，从各种工业以太网和现场总线中获取实时生产数据，支撑形成工业智能应用。制造企业以行业领域深耕为基础，打造行业领域竞争力。在电气领域，ABB、菲尼克斯电气、施耐德电气以电力电气、自动化行业为主，提供端到端的工业数字化解决方案；在工程机械领域，卡特彼勒、小松、日立等平台面向工程机械领域对资源调配、设备运维、供应链协同方面的需求，提供设备预测性维护、备品备件管理、智能施工、互联网金融等服务。

3. 数据驱动的工业互联网平台应用更加活跃

数据成为工业互联网平台的生产资料，科技企业成为应用引领者。数据连接方面，Sieraa Wireless、Telit、Device Insight 等 M2M 通信领域公司充分发挥在数据连接方面的技术优势，结合工业互联网平台，帮助工业企业实现资产的远程连接和在线管理；数据分析方面，Uptake、C3 IoT、Mnubo、Particle 等国际工业互联网、物联网公司将工业大数据、人工智能技术与工业互联网平台深度结合，满足了工业领域日益深入的数据分析需求；数据应用方面，日立 Lumada、东芝 SPINEX、富士机械 Nexim 平台基于数据改善生产制造过程、优化自身价值链、降低运营成本。此外，制造企业与软件企业的战略合作促进了数据的深度应用，PTC 与罗克韦尔合作推出 ThingWorx 工业互联网平台，提供面向生产过程可视化的数据汇聚和高级生产分析功能，帮助管理者直观地了解工厂运行状态。

（三）我国工业互联网平台

近年来，我国工业互联网平台初步展现多元化发展态势，覆盖原材料、装备、机械、消费品、电子、交通等多种行业及场景。工业互联网平台的应用与创新在行业和区域中赋能工业数字化转型效果逐渐凸显，产业生态体系加速形成。

1. 工业互联网平台应用由政策驱动转向市场主导

工业互联网平台、网络、安全等配套政策日趋完善，工业互联网平台的发展与应用赋能企业构建网络化协同、规模化定制、服务型制造等新模式、新业态、新动能。海尔 COSMOPlat 平台打造了大数据、供应链、协同制造、智能维保等 170 余个专业解决方案，覆盖房车、建筑陶瓷、纺织、模具、机床、农业等 15 个行业生态。阿里云通过 SupET "1+N" 工业互联网平台，为 100 余家中小信息化服务商、大数据创新企业和信息工程服务企业提供服务，实现云端工业 App 一站式开发、托管、集成、运维和交易。航天云网 INDICS 平台以云制造为核心，立足航空航天领域，面向电子信息、工程机械、汽车制造等行业提供应用服务。树根互联"根云"平台提供快速物联、设备预测性维护、配件预测管理、大数据 AI 等功能，与行业巨头联合打造"机床云""纺织云""3D 打印共享云""空压机云""电机云""注塑云""筑工云"等数十个垂直行业云平台。

2. 新一代信息技术为工业互联网应用落地提供新场景

大数据、人工智能、5G、区块链等新一代信息技术日趋成熟，涌现出更多"平台+新技术"的创新解决方案。东方国信 Cloudiip 平台、富士康"工业富联"平台、紫光云引擎"芯云"平台等通过"平台+5G"的融合应用，实现高可靠、低时延、高通量的数据集成，催生数字化工业灵活组网、智能终端远程控制、全场景运营优化等模式；中国电信工业互联网开放平台、杭州汽轮工业互联网服务平台等开展"平台+4K/8K 高清视频"融合探索，实现高精度、异构图像视频数据分析，催生智能产品检测、设备远程运维等模式；华为 FusionPlant 平台、中兴 ThingxCloud 兴云平台等通过"平台+VR/AR"的融合应用，实现三维动态视景快速生成与分析，催生人机协同工作、产品自动化分拣、产品设计可视化等模式。

3. 面向特定行业领域的系统解决方案成为应用聚焦点

工业互联网平台在各行业领域中应用的深度和广度不断拓展，平台产业链图谱更加完善。行业龙头围绕行业痛点深度挖掘应用。在石化行业，石化盈科面向生产过程复杂、生产工序间耦合度高的流程行业，开发了基于 ProMACE 工业互联网平台的生产计划、调度、操作全过程管控方案。在工程机械行业，徐工集团、三一重工、中联重科等国内企业和 Uptake 等国外企业以远程运维为切入点，日本小松以智能施工为切入点，加速推动工程机械行业向设备维护智能化、综合解决方案"交钥匙化"方向加速转型。在汽车行业，北汽新能源打造了"北汽云"京津冀地区产业协同工业互联网平台，形成了汽车个性化定制、质量大数据分析、车联网等解决方案。部分企业发挥协同优势，整合产业链上下游资源。在后市场领域，众能联合整合豪士科、捷尔杰、Haulotte、临工重机等的工程机械产品，构建物联网智能平台，实现物流、租赁、服务全业务链条融合。

随着工业互联网创新发展战略的深入推进，工业互联网平台赋能水平显著提升，基于平台的制造业生态体系日趋完善。工业互联网创新发展工程实施 3 年来，重点工业互联网平台平均工业设备连接数达到 65 万台、工业 App 达到 1950 个、工业模型数突破 830 个，平台活跃开发者人数超过 3800 人，在钢铁、石化、机械、轻工、电子等领域催生了一批新业态、新模式，显著带动行业转型升级。

二、工业互联网平台安全的防护现状

纵观全球工业互联网平台的安全态势，发达国家从工业控制系统、物联网、云平台、大数据等不同角度推动工业互联网平台安全发展，我国围绕工业互联网安全，出台政策文件，推动安全标准制定，规范企业加强工业互联网平台安全。

（一）工业互联网平台安全顶层设计

1. 主要发达国家和地区工业互联网平台安全的顶层设计

美国、欧盟、日本等发达国家和地区尚未出台专门针对工业互联网平台安全的指导性文件，当前主要围绕工业控制系统、物联网、云平台等角度出台政策与标准体系，推进工业互联网平台安全防护工作。

美国政府和行业联盟出台政策、标准与规范指南文件，积极引导工业互联网安全发展。在政府层面，美国于 2014 年通过了《国家网络安全保护法》，将工业控制系统列为网络安全重点保护对象，之后相继发布了《网络安全国家行动计划》《保障物联网安全战略原则》《美国国土安全部工业控制系统能力增强法案》《缓解云漏洞指南》，从工业控制系统安全、物联网安全、云安全等角度提出相应的保障策略。在行业联盟层面，2016 年以来，美国工业互联网联盟（IIC）发布了《工业物联网安全框架》，提出了工业物联网安全的六大内容，此后，相继发布《商业视角下的工业互联网安全概括》《工业互联网安全成熟度模型》《云计算关键领域安全指南 V4.0》等多个指导性文件，并举办多次安全论坛，推进安全解决方案落地实施。

欧盟高度重视工业战略下的网络安全问题。2012 年，欧盟委员会发布《未来经济复苏与增长：建设一个更强的欧洲工业》，强调提升工业控制系统的安全防护能力。2013 年，欧洲网络与信息安全局（ENISA）相继发布《工业控制系统网络安全白皮书》《智能制造背景下的物联网安全实践》《工业 4.0 网络安全：挑战和建议》，给出工业 4.0 背景下的网络安全建议。2019 年，欧盟发布《增强欧盟未来工业的战略价值链》，指出增强工业互联网战略价值链须大力发展欧洲网络安全产业。德国加快推进"工业 4.0"战略实施，同步强调安全保障工作。2013 年，德国政府推出《德国工业 4.0 战略计划实施建议》，提出保障工业 4.0 安全的措施建议。随后，德国工业 4.0 平台发布《工业 4.0 安全指南》《跨企业安全通信》《安全身份标识》等指导性文件，提出以信息物理系统平台为核心的分层次安全管理思路。

日本持续推进面向制造的网络安全。2014 年，日本国会通过《网络安全基本法》，强调电力等基础设施运营方的网络安全要求。2016 年，工业网络安全促进机构（ICPA）成立，以抵御关键基础设施攻击。2017 年，日本提出"互联工业"战略，强调网络安全的重要性，成立工业网络安全卓越中心，旨在保护工业基础设施免受网络攻击。

其他国家也将基础设施和工业控制系统安全作为网络安全的重点。2016 年，新加坡发布《国家网络安全策略》，提出要建立强健的基础设施网络；澳大利亚发布《澳大利亚网络安全战略》，提出要重视国家重要基础设施建设；以色列发布《"前进 2.0"网络安全产业计划》，提出要重视工业控制系统安全。

2. 我国工业互联网平台安全的顶层设计

政策引导：出台政策文件指导工业互联网平台安全保障体系建设。2017 年，《国务院关于深化"互联网+先进制造业"发展工业互联网的指导意见》发布，提出要加强安全防护能力，重点突破工业互联网平台安全等产品研发，建立与工业互联网发展相匹配的技术保障能力。2018 年，工业和信息化部印发《工业互联网平台建设及推广指南》，提出要完善工业互联网平台安全保障体系，制定完善工业信息安全管理等政策法规，明确安全防护要求。同年，工业和信息化部发布《工业互联网平台评价方法》，将安全可靠作为评价工业互联网平台安全能力的一个方面，要求在平台中建立安全防护机制，确保工业控制系统、关键零部件和软件应用安全可靠。2019 年，工业和信息化部等十部门联合印发《加强工业互联网安全工作的指导意见》，指出要支持工业互联网安全科技创新，加大对工业互联网安全技术研发和成果转化的支持力度，强化平台安全等相关核心技术研究。2020 年 3 月 4 日，中共中央政治局常务委员会召开会议，强调要加快新型基础设施建设进度。3 月 20 日，工业和信息化部发布《关于推动工业互联网加快发展的通知》，提出要加快健全安全保障体系，完善安全技术监测体系，健全安全工作机制，加强安全技术产品创新，督促指导企业提升安全水平。

标准引领：加速推进工业互联网平台安全标准化工作。2019 年，全国信息安全标准化技术委员会发布《信息安全技术 工业互联网平台安全要求及评估规范》，明确工业互联网平台各层次的安全管理与安全技术防护要求，并提出相应的安全评估方法。国家烟草专卖局率先召集烟草领域、安全领域专家形成《烟草行业卷烟制造工业互联网平台通用技术要求标准（草案）》，对中国烟草总公司及各下属单位的卷烟制造工业互联网平台安全要求进行规定。此外，国家工业信息安全发展研究中心于 2019 年发布《工业信息安全标准化白皮书（2019 版）》，对构建工业互联网平台安全标准体系等提供指导。2021 年 12 月 9 日，在工业和信息化部网络安全管理局指导下，工业互联网产业联盟、工业信息安全产业发展联盟、工业和信息化部商用密码应用推进标准工作组共同发布《工业互联网安全标准体系（2021年）》。工业互联网安全标准体系包括分类分级安全防护、安全管理、安全应用服务3个类别、16个细分领域以及76个具体方向。

（二）工业互联网平台安全建设发展多样化

我国工业互联网平台已经从概念普及阶段进入实践深耕阶段，国内各大主流平台逐步实现了用户、设备、产品和企业的全方位连接，平台安全体系建设取得初步成效。当前，国内工业互联网平台安全处于工业企业、平台企业、安全企业、互联网企业、硬件企业多方共建状态。

1. 工业企业自建工业互联网平台并实施安全加固

龙头工业企业和大型智能制造公司面向工业转型发展需求构建工业互联网平台，同步实施安全加固。从综合安全防护的角度出发，在平台各层次及数据方面部署相应的安全防护措施。例如，中国航天科工集团旗下的航天云网INDICS工业互联网平台构建了涵盖设备、网络、控制、应用、数据的完整安全保障体系。海尔COSMOPlat工业互联网平台自主研发海安盾安全防护系统，以工业IaaS层的虚拟化安全、主机安全为重点，形成集态势感知、业务系统安全分析、漏洞发现于一体的安全解决方案。

2. 平台企业输出具备一定安全能力的工业互联网平台

大型制造企业及互联网企业依托自身特色打造工业互联网平台，孵化独立运营的平台服务，向其他企业输出具备一定安全能力的工互联网平台。例如，寄云科技的 NeuSeer 工业互联网平台为能源化工企业提供安全生产管控能力，降低安全管理的人工依赖，提升安全管理水平。树根互联的根云平台聚焦 PaaS、SaaS 层安全，支持平台主机、应用的安全审计和工业 App 上线前安全检测与加固。东方国信的 Cloudiip 工业互联网平台支持海量大数据的接入、存储、分析和模型共享，并保障数据安全。阿里云工业互联网平台将安全技术解构、重组，打造完整、可靠、可信的安全生态系统，提升平台服务的内生安全能力。浪潮云洲工业互联网平台发布浪潮云数据铁笼 IDS，为多方安全计算场景提供第三方支持和服务，解决数据隐私泄露问题，并提供基于区块链的数据计算全流程安全审计。

3. 安全企业输出平台的安全解决方案

安全企业利用自身积累的安全经验为工业互联网平台提供安全解决方案，除提供资产测绘、杀毒软件、防火墙、入侵检测、流量审计、安全监测等传统安全软件外，还通过 SaaS 服务模式输出安全能力，为工业互联网平台提供技术支撑。例如，阿里云盾提供了 DDoS 防护、主机入侵防护、Web 应用防火墙、态势感知等一站式安全产品及服务，助力提升工业互联网平台安全防护水平。360、启明星辰等安全厂商为航天云网的 INDICS 工业互联网平台建立病毒库、漏洞库及防护工具库，支持平台入侵检测、漏洞扫描和主动防御。长扬科技打造了工控安全评估、工控等保检查、工业防火墙、工控主机卫士、统一安全管理、安全态势感知等多种安全产品，支持工业互联网平台安全防护。

4. 互联网企业输出集成安全能力的平台系统及软件

互联网企业依托系统、软件的专精优势，为工业互联网平台提供安全的操作系统、虚拟化软件、数据库、大数据分析模型等。例如，东土科技发布了 Intewell 工业互联网操作系统，依托国产自主、安全可靠的"道系统"，面向智能装备、智能制造等多领域提供国产设备软件基础运行平台。以阿里云关系型数据库为代表的安全数据库、以阿里云大数据计算服务为代表的安全大数据服务和安全虚拟化系统也在业界广泛使用。

5. 硬件企业研发集成安全能力的硬件设备

设备安全是确保工业互联网平台上层系统及软件安全的基础，硬件企业研发集成安全能力的工业控制设备、安全路由、安全网关、安全边缘节点、可信服务器等，为工业互联网平台提供基于硬件的安全防护能力。例如，中电智科面向国家重要基础设施应用，研发了安全增强型 PLC，以满足各种控制规模、不同安全要求的自动化应用场景需求。华为、深信服等研发了安全网关、安全路由器，增强了工业网络及平台网络的通信安全性。大唐高鸿依托其自主研发的硬件平台，搭载国产可信芯片，研制了可信服务器，为用户构建从基础设施层到应用系统层的安全计算环境。

（三）我国工业互联网平台安全能力的现状

工业互联网平台是业务交互的桥梁和数据汇聚分析的中心，联结全生产链各个环节，实现协同制造，平台高复杂性、开放性和异构性的特点也加剧了其面临的安全风险。

1. 工业互联网平台是网络攻击的重要目标

国家互联网应急中心（CNCERT）发布的《2019 年我国互联网网络安全态势综述》提到对我国工业互联网平台的攻击监测，我国根云、航天云网、OneNET、COSMOPlat、奥普云、机智云等大型工业互联网平台，持续遭受来自境外的网络攻击，平均攻击次数达 90 次/日，较

2018 年提升了 43%，攻击类型涉及远程代码执行、拒绝服务、Web 漏洞利用等。

近年来，在工业和信息化部组织的对部分重要工业互联网平台的安全检查评估发现，平台企业用户在业务上云的同时普遍漠视安全漏洞，对已知已报漏洞尤其是弱口令、跨站攻击、恶意程序注入等常见漏洞未及时跟踪处置；对外包云服务的安全管控意识不强，对云平台、办公网及生产控制网互联互通后的整体安全态势感知能力不足。在某典型工业互联网平台攻防演练活动中，攻击方探测到平台各类信息化系统 100 多个，发现高危漏洞 20 多个，利用漏洞可获得平台内网系统控制权，窃取敏感信息，以此为跳板，进而对内网其他设备、系统和网络发起渗透，最终可导致企业工业互联网平台及相关设备网络瘫痪。

2. 工业互联网平台安全能力的侧重点与薄弱点

根据工业互联网平台对象的分类，对安全能力侧重点和安全能力薄弱点进行分析，分析结果如表 2-1 所示。

表 2-1 典型工业互联网平台安全能力侧重点与安全能力薄弱点

平台对象	安全能力侧重点	安全能力薄弱点
工业数据	数据加密传输、数据加密存储等	工业数据分类分级、细粒度访问控制、敏感数据识别和保护等
工业应用层	身份认证、权限控制、安全审计等	工业应用安全加固、统一安全运维、应用日志分析等
工业云平台服务层	数据访问控制、安全服务组件、接口安全等	微服务组件安全、工业应用开发环境安全等
工业云基础设施层	抗 DDoS 攻击、访问控制、边界网络安全、云主机杀毒等	虚拟机流量流向可视化、云内网络威胁隔离机制、虚拟化软件安全等
边缘计算层	设备接入认证、网络安全审计、通信加密策略安全防护等	边缘设备可信验证、工业协议深度解析、对接不同厂商端侧设备等

工业数据安全包括工业互联网平台相关数据全生命周期安全等。安全能力侧重于数据加密传输、数据加密存储等，在工业数据分类分级、细粒度访问控制、敏感数据识别和保护等方面较为薄弱。

工业应用层安全包括面向各类工业应用场景的业务应用安全等。安全能力侧重于身份认证、权限控制、安全审计等，在工业应用安全加固、统一安全运维、应用日志分析等方面还有待提高。

工业云平台服务层安全的安全能力侧重于数据访问控制、安全服务组件、接口安全等，在微服务组件安全、工业应用开发环境安全等方面较为薄弱。

工业云基础设施层安全包括服务器安全、存储安全、网络安全、虚拟化安全等。安全能力侧重于抗 DDoS 攻击、访问控制、边界网络安全、云主机杀毒等，在虚拟机流量流向可视化、云内网络威胁隔离机制、虚拟化软件安全等方面还有待提高。

边缘计算层安全包括边缘网络架构安全、边界防护、访问控制、入侵防范、安全审计、安全基线检查等。安全能力侧重于设备接入认证、网络安全审计、通信加密策略安全防护等，在边缘设备可信验证、工业协议深度解析、对接不同厂商端侧设备等方面较为薄弱。

3. 工业互联网平台安全管理存在不足

《加强工业互联网安全工作的指导意见》对健全安全管理制度、落实安全责任做出了基本规定。但是，我国企业在工业互联网平台安全管理方面仍存在以下不足之处。

一是安全管理制度不完善。工业互联网企业普遍缺乏针对平台安全建设、供应商安全要求、安全运维、安全检查和培训等的安全管理制度，安全责任落实不明晰，对内部人员缺乏有效的安全管控。

二是安全投入缺乏。工业互联网企业对工业互联网平台安全的投入较少，专职安全防护的人员较少，普遍存在"重功能、轻安全"的现象。

三是安全配置管理不足。当前工业互联网平台安全配置管理严重依赖人工，自动化、智能化程度不足，缺乏快速有效的安全配置检测预警机制，一旦出现配置错误，无法及时发现和启动相应的安全措施。

四是安全建设考虑不全面。工业互联网平台在设计、开发、测试、运行和维护各阶段缺乏相应的安全指导规范，未将安全融入平台建设的整个生命周期中。

三、工业互联网平台安全的需求与边界

产业界和学术界已逐步认识到工业互联网平台安全的重要性和价值，并开展了积极的探索，但是目前平台安全仍处于产业发展初期，缺乏系统性研究。本节针对工业互联网平台安全的需求特征进行分析，对工业互联网平台安全边界进行限定。

（一）工业互联网平台安全的需求特征

1. 海量、异构的工业设备接入及终端设备资源受限的特征

（1）接入海量设备，设备数量呈爆发式增长。一方面，工业设备在设计之初一般不考虑安全功能，自身安全防护能力薄弱或者缺乏，海量工业设备在接入工业互联网平台后，一旦被攻击者利用，向平台发起跳板攻击，其影响和后果将成倍放大；另一方面，工业互联网平台边缘层缺乏对海量工业设备的状态感知、安全配置自动化更新和主

动管控机制，导致利用海量工业设备发起的 APT 攻击感染面更大、传播性更强。因此，工业互联网平台需要行之有效的工业设备接入方案，保证接入的海量终端设备可信、可管、可控、可追溯。

（2）接入异构设备，设备种类众多。海量、异构的工业设备接入工业互联网平台时，连接条件和连接方式多样，存在大量不安全的接口。当前工业互联网平台边缘层缺乏对异构工业设备接入的安全管理，接口安全防护也有所欠缺。因此，需要平台边缘层能突破异构工业设备的对接限制、互操作限制和管控限制，提供统一的安全接口自动部署及安全策略自动更新等能力。

（3）终端设备资源受限。工业终端设备通常采用轻量化设计，存在计算、存储和网络资源等限制，且基于硬件的可信执行环境在工业边缘计算场景中并未被大规模采用，这使得远离平台中心的终端设备容易遭受恶意入侵。因此，需要提供轻量化的身份认证、可信验证、数据加密、隐私保护等高安全等级的防护手段，增强终端设备的安全防护能力。

2. 不同架构工业云协调运维、快速部署的特征

（1）不同架构工业云协调运维。传统模式下，工业企业只需要确保单服务器或数据库的安全，一旦出现问题，运维人员可以立即采取措施。但工业互联网平台涉及大量云端服务器、多类型数据库，甚至不同架构的工业云平台，在多系统、多应用、多云平台协同交互的过程中，需要采用节约成本、处理快速、社会化、信息化的运维模式，部署安全防护措施，优化安全配置，突破安全隔离、数据摆渡、网络行为审计等安全管控技术，加强工业互联网平台信息及操作权限管理，避免权限失控。

（2）跨平台快速部署。工业生产围绕企业效益和排期进行统一安排，然而对缺乏安全防护的生产线，在初次部署安全措施时，协调时间和生产线恢复生产的时间不能完全吻合，往往面临部分安装后须等

待二次安装的尴尬境地，可能造成企业生产安全防护能力的降低和缺失，对工业互联网平台安全造成影响。因此，需要提供快速、高效、智能化的跨机器、跨设备、跨系统的安全措施快速部署机制。

3. 工业微服务多样化、多服务复杂协同的特征

（1）微服务多样化。工业微服务框架是以单一功能组件为基础，通过模块化组合实现"高内聚低耦合"应用开发的软件框架。工业生产涉及多种行业与产品，微服务的原子化特征可为不同业务提供重复利用的优势，但因工业体量庞大，且每个微服务作为独立的功能需求开发，导致多种微服务构建规则并存。因此，构建安全的微服务、制定多样化微服务安全接入准则是工业互联网平台安全的一项新挑战。

（2）多服务的复杂协同。一方面，工业互联网平台微服务数量庞大，工业应用可能同时调用多个微服务完成特定业务，此时多服务之间需要复杂协同交互，需要采用集中认证和授权、双向 SSL 等方式来保证微服务通信过程的安全性；另一方面，工业微服务缺乏统一的标准化的构建规则，微服务与平台、应用及用户间缺乏安全接入、安全调用设计。因此，需要创新型的微服务安全标准化机制，解决微服务与平台、应用及用户之间的相互信任问题。

4. 工业应用协同工作、开放定制的特征

（1）多应用灵活协同工作。工业互联网平台上，不同业务流程中存在多样化的工业应用。一方面，存在大量应用间数据安全共享与协同处理的场景，需要根据数据共享需求对各应用、用户进行细粒度访问控制；另一方面，为保证应用之间鉴权的合理性，防止出现跨应用的攻击，需要明确区分工业应用的功能和权限，保证平台的应用安全。

（2）应用研发的开放化、定制化。伴随工业互联网平台开放性的

提升，工业应用研发创新能力增强，呈现开放定制的特征。工业互联网平台上存在大量未知的应用发布者，可以为用户提供差异化、个性化功能的工业应用，为保证工业应用来源的安全、可靠，需要对应用开发者的身份信息进行核实与展示，对工业应用进行全生命周期的安全管理、运行时监控和安全审计。

5. 工业数据多源异构、大规模访问与共享的特征

（1）海量多源异构数据的聚合计算。工业数据包括平台运营数据、企业管理数据等，具有体量大、种类多、来源广、结构差异大、行业差异大等特征。工业数据的多源性扩大了数据的攻击面，工业数据的异构性增加了海量数据融合分析的难度。因此，需要针对工业数据来源多样、类型不统一、质量要求高等特点，突破多源异构工业数据的安全融合分析技术，实现多源异构数据汇聚利用与数据保护。

（2）大规模数据的细粒度访问控制。工业应用场景中，由于工业生产流程、生产工艺的不同，不同的用户仅能访问自己所涉及工艺范围内的数据。面对海量工业数据，现有基于用户身份或角色的访问控制策略难以细粒度控制数据授权范围，亟须创新工业互联网平台大规模数据的用户访问控制策略，加强工业互联网平台数据的安全管理和审计。

（3）共享的工业数据中包含大量敏感信息。工业数据包括研发设计、开发测试、系统设备资产信息、控制信息、工况状态、工艺参数、系统日志、物流、产品售后服务等产品全生命周期各环节产生的各类数据，其中还包含工业企业的商业敏感数据。工业互联网平台上数据的流通与共享将扩大数据安全管理的范围，增加数据安全防护的难度和数据攻击事件分析的复杂度，需要针对数据滥用、隐私泄露等威胁进行安全防护。

（二）工业互联网平台安全边界

工业互联网平台安全的范畴包括边缘计算层、工业云平台和工业数据，工业互联网平台安全边界如图 2-1 所示。

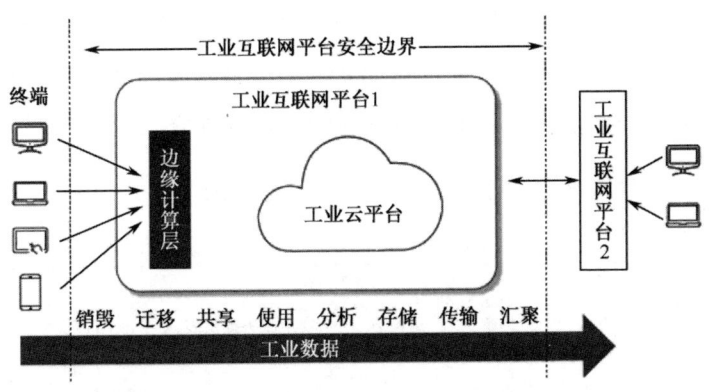

图 2-1　工业互联网平台安全边界

边缘计算层对多源异构终端设备、系统的数据进行实时、高效的采集和云端汇聚，其安全防护的范围包括终端设备安全接入、协议解析、边缘数据采集传输等过程（不包括边缘节点及边缘网络）。工业云平台是工业互联网平台提供大数据处理、工业数据分析、工业微服务、工业应用等创新功能的主体，其安全防护的范围包括工业云基础设施层、工业云平台服务层，以及工业应用层所涉及的设备、系统、应用、数据等。工业互联网平台促进了工业数据的分析、流动与共享，释放了数据的潜在价值，根据数据在平台上生命周期阶段的不同，平台数据安全防护的范围包括设备接入、平台运行、工业 App 应用、平台迁移等过程中生成和使用的数据。

四、工业互联网平台安全参考框架

工业互联网平台安全参考框架一般会从安全防护对象、安全角色、安全威胁、安全措施、生命周期 5 个视角提出。多维度视角有利于工业互联网平台安全参考框架明确防护对象、厘清安全角色、分析安全威胁、梳理安全措施、提出全生命周期的安全防护思路。

工业互联网平台安全参考框架如图 2-2 所示。

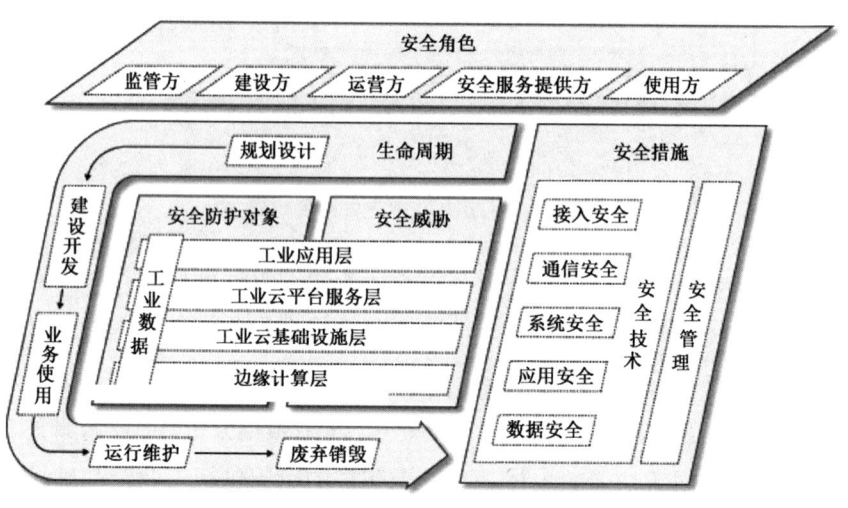

图 2-2　工业互联网平台安全参考框架

（一）安全防护对象视角

工业互联网平台包括边缘计算层、工业云基础设施层、工业云平台服务层、工业应用层和工业数据五大防护对象。

工业互联网平台安全防护对象如图 2-3 所示。

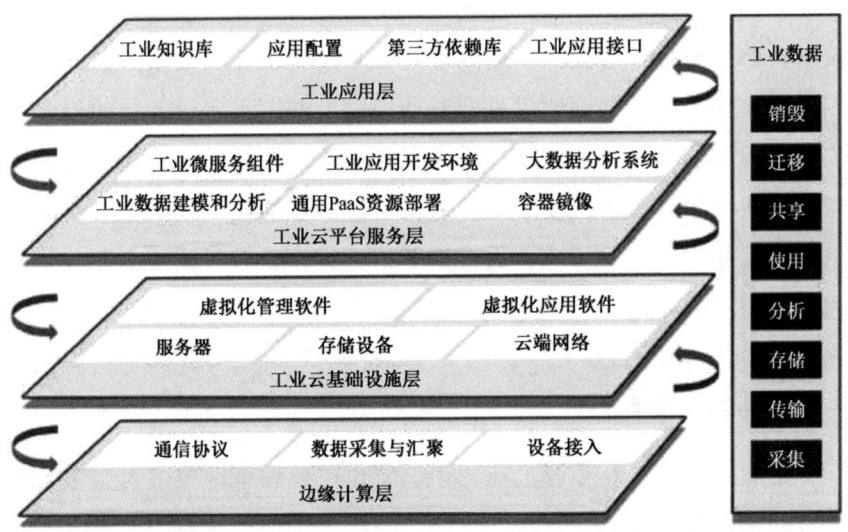

图 2-3　工业互联网平台安全防护对象

1. 边缘计算层

边缘计算层通过现场设备、系统和产品采集海量工业数据，依托协议转换，通过边缘计算设备实现多源异构底层数据的归一化和汇聚处理，并向云端平台集成。边缘计算层安全防护对象主要包括通信协议、数据采集与汇聚、设备接入。

2. 工业云基础设施层

工业云基础设施层主要通过虚拟化技术将计算、网络、存储等资源虚拟化为资源池，支撑上层平台服务和工业应用的运行，其安全是保障工业互联网平台安全的基础。工业云基础设施层安全防护对象可进一步细化，包括虚拟化管理软件、虚拟化应用软件、服务器、存储设备、云端网络等。

3. 工业云平台服务层

工业云平台服务层利用通用 PaaS 调度底层软硬件资源，通过容器技术、微服务组件等提供工业领域业务系统和具体应用服务，为工业应用的设计、测试和部署提供开发环境。工业云平台服务层的安全与工业应用的安全具有强相关性，是保障工业互联网平台安全的关键要点。工业云平台服务层安全防护对象可进一步细化，包括工业微服务组件、工业应用开发环境、大数据分析系统、工业数据建模和分析、通用 PaaS 资源部署、容器镜像等。

4. 工业应用层

工业应用层涉及专业工业知识、特定工业场景，集成封装多个低耦合的工业微服务组件，功能复杂，缺乏安全设计规范，容易存在安全漏洞和缺陷。工业应用层是工业互联网平台安全的重要防护对象，其安全水平是平台各层安全防护能力的"外在表现"。工业应用层安全防护对象可进一步细化，包括工业知识库、应用配置、第三方依赖库、工业应用接口等。

5. 工业数据

工业数据的实时利用是工业互联网平台最核心的价值之一，通过大数据分析系统解决控制和业务问题，能减少人工决策带来的不确定性。根据《工业数据分类分级指南（试行）》，工业数据包括研发、生产、运维、管理等数据域，是工业互联网平台安全的重要防护对象。工业数据安全防护对象可进一步细化为数据生命周期的各个环节，包括销毁、迁移、共享、使用、分析、存储、传输、采集等。

（二）安全角色视角

工业互联网平台安全与平台企业、工业企业、第三方开发者、用户等多个参与方息息相关，明确各方的职责是保障平台安全的前提。本工业互联网平台安全参考框架将工业互联网平台安全的相关参与方分为5个角色：监管方、建设方、运营方、安全服务提供方和使用方，每个角色可以由一个或多个实体（个人或机构）担任，每个实体也可能同时担任多个角色。

工业互联网平台安全角色如图2-4所示。

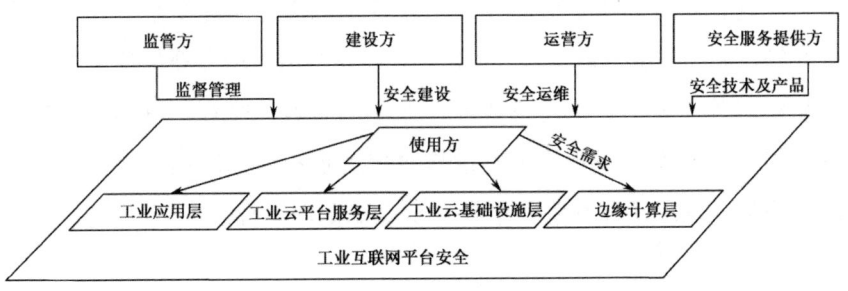

图2-4 工业互联网平台安全角色

1. 监管方

政府作为监管机构履行监督管理职责。工业和信息化部组织开展工业互联网平台安全相关政策制定、标准研制等工作，明确平台安全防护要求和安全评估规范，对平台安全工作开展总体指导。地方工业和信息化主管部门负责本行政区域内工业互联网平台的安全监管工作，组织开展平台安全评估，提升平台漏洞发现、安全防护和应急处置能力，防范安全隐患。

工业互联网平台企业按照属地原则接受当地监管机构的指导和监督，强化企业安全主体责任，保障平台安全运行。

2. 建设方

建设方须按照国家相关标准要求，确保所交付的工业互联网平台满足客户的安全要求。工业互联网平台建设方应围绕平台安全的总体目标和规划，根据平台安全建设开发标准和规范，通过技术和管理手段，完成工业互联网平台应用组件、产品和功能的开发，提供技术和服务支持，确保平台具备国家及行业标准规定的安全防护水平。

3. 安全服务提供方

安全服务提供方是保障工业互联网平台安全运行的第三方服务者，涉及保障平台安全正常运行的各个方面，如电力供应商、基础设施安全供应商、安全硬件供应商、安全软件供应商、网络安全解决方案提供商等，负责提供平台设备、系统、应用安全运行所需要的安全技术、产品和服务，确保平台具备认证、加密、监测、检查、评估、响应等安全能力。各安全服务提供方须按照相关政策和标准提供符合安全要求的服务，保障工业互联网平台安全、稳定地运行。

4. 运营方

运营方落实工业互联网平台安全主体责任。按照"谁运营谁负责"的原则，企业依法落实平台安全的主体责任，明确工业互联网平台安全责任部门和责任人，负责平台安全运维，包括但不限于平台安全认证、检查评估、安全审计，以及平台安全事件的监测、预警、响应和恢复等，建立安全事件报告和问责机制，加大安全投入，部署有效的安全防护措施。

5. 使用方

使用方利用工业互联网平台开展相关业务时，应按照平台安全规范正常操作。使用方是使用平台产品、应用和服务的主体，可以是工业企业、平台企业、团体机构或个人。使用方应根据业务需要对工互联网平台提出具体的安全需求,并在使用过程中遵守平台安全规范,进行安全配置管理,避免在使用过程中为平台带来安全威胁。

工业互联网平台的安全稳定运行离不开监管方、建设方、安全服务提供方、运营方和使用方等多个角色的协作。监管方对工业互联网平台进行监督管理,建设方按照相关标准开展安全建设,安全服务提供方为保障平台安全提供技术和产品支持,运营方对平台进行安全维护,使用方对平台提出安全需求,并进行安全使用。工业互联网平台安全需要所有相关方共同落实,在运行过程中,各方仍须加大责任意识和安全意识,共同保障工业互联网平台安全。

(三)安全威胁视角

安全威胁视角分析了工业互联网平台 5 个层面面临的不同安全威胁,工业互联网平台安全威胁如图 2-5 所示。

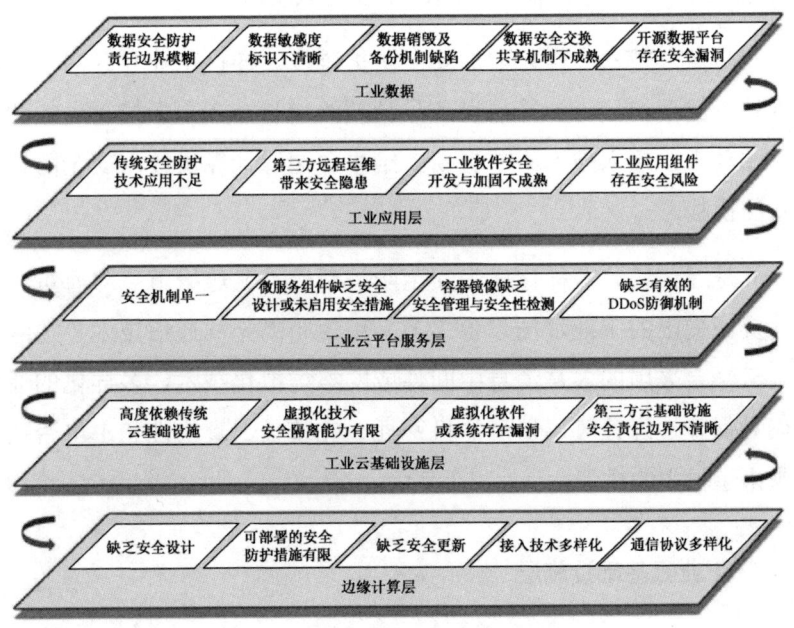

图 2-5 工业互联网平台安全威胁

1. 边缘计算层

一是边缘计算层设备普遍缺乏安全设计。边缘计算层设备地理位置分散、暴露，多通过物理隔离的方式进行保障，普遍缺乏身份认证与数据加密传输能力，自身安全防护水平不足。攻击者容易对设备进行物理控制和伪造，并以此为跳板向其他设备与系统发动攻击。

二是边缘计算层设备可部署的安全防护措施有限。边缘计算层设备和软件存在低功耗、低时延等性能需求，资源受限，开发时往往只重视功能需求，导致可部署的安全防护措施有限。由于边缘设备数量庞大，当遭到 APT 恶意攻击时，感染面更大、传播性更强，很容易蔓延到大量现场设备和其他边缘节点中。

三是边缘计算层设备缺乏安全更新。出于稳定性和可靠性考虑，边缘计算层设备和软件部署后一般不升级，大量固件和软件开发较早，存在长期不更新、产品服务商不提供维护服务甚至已停止服务的情况，不可避免地存在安全漏洞，加剧网络攻击风险。

四是接入技术多样化增加安全防护难度。连接工业互联网平台进行维护、管理的边缘计算层设备呈指数级增长，在众多接入场景和需求的驱动下，接入技术不断更新，给平台边缘计算层接入安全防护带来新的挑战。

五是通信协议多样化成为安全防护新难点。边缘节点与海量、异构、资源受限的工业现场设备大多采用短距离无线通信技术，边缘节点与云平台采用的多是消息中间件或网络虚拟化技术，多样化的通信协议为保障边缘计算层消息的机密性、完整性、真实性和不可否认性等带来了很大的挑战。

2. 工业云基础设施层

一是工业互联网平台存在与传统云平台相同的脆弱性。现有的工业互联网平台高度依赖底层传统云基础设施的硬件、系统和应用程序，一旦底层设备或系统受损，必然对平台上层的应用和业务造成重大影响，可能导致系统停顿、服务大范围中断等后果，使工业生产和企业经济效益遭受严重损失。

二是虚拟化技术安全隔离能力有限。工业云基础设施层通过虚拟化技术为多租户架构、多客户应用程序提供物理资源共享能力，但虚拟化技术提供的隔离机制可能存在缺陷，导致多租户、多用户间隔离措施失效，造成资源未授权访问问题。

三是虚拟化软件或系统存在漏洞。工业云基础设施层虚拟化软件或虚拟机操作系统一旦存在漏洞，将可能被攻击者利用，破坏隔离边界，实现虚拟机逃逸、提权、恶意代码注入、敏感数据窃取等攻击，从而对工业互联网平台上层系统与应用程序造成危害。

四是第三方云基础设施安全责任边界不清晰。多数平台企业使用第三方云基础设施服务商提供的服务建立工业互联网平台，在考虑平台安全防护时，存在工业互联网平台安全责任边界界定不清晰的问题。

3. 工业云平台服务层

一是传统安全手段的安全机制单一，无法满足多样化平台服务的安全要求。工业云平台服务层包括工业应用开发测试环境、微服务组件、大数据分析平台、工业操作系统等多种软件栈，支持工业应用的远程开发、配置、部署、运行和监控，需要针对多样化的平台服务方式创新、定制安全机制。当前工业互联网平台一般采用传统信息安全手段进行防护，无法满足多样化平台服务的安全要求。

二是微服务组件缺乏安全设计或未启用安全措施。工业云平台服务层微服务组件与外部组件之间的应用接口缺乏安全认证、访问控制等安全设计，或者已部署接口调用认证措施但未启用，容易造成数据非法窃取、资源应用未授权访问等安全问题。

三是容器镜像缺乏安全管理与安全性检测。容器镜像是工业互联网平台服务层中实现应用程序标准化交付、提高部署效率的关键因素。但是，一方面，若容器镜像内部存在高危漏洞或恶意代码，未经安全性检测即被分发和迭代，将造成容器脆弱性扩散、恶意代码植入等问题；另一方面，容器镜像管理技术不完善，一旦被窃取，容易造成应用数据泄露、山寨应用问题。

四是缺乏有效的 DDoS 防御机制。工业云平台服务层承载着工业数据分析与建模、业务流程决策与指导等工业互联网平台的核心工作，对服务的可靠性和可持续性有较高要求。当前工业云平台服务层仍缺乏有效的 DDoS 防御机制，攻击者可轻易实现 DDoS 攻击，造成资源耗尽、网络瘫痪等后果。

4. 工业应用层

一是工业应用层传统安全防护技术应用不足。当前工业应用层的软件重视功能、性能设计，鉴别及访问控制等安全机制设计简单且粒度较粗，攻击者可通过 IP 欺骗、端口扫描、数据包嗅探等通用手段发现平台应用存在的安全缺陷，进而发起深度攻击。

二是第三方远程运维带来安全隐患。工业应用层中涉及的大量控制系统和软件来自国外，漏洞后门尚不掌握，服务商通过远程运维的方式接入工业互联网平台，一旦第三方远程运维业务流程存在安全缺陷，将给工业互联网平台带来安全隐患。

三是工业软件安全开发与加固不成熟。当前工业应用的安全开发、安全测试、安全加固等技术研究仍处于探索起步阶段，业内尚未形成成熟的安全模式和统一的安全防护体系。

四是工业应用组件存在安全风险。一般而言,工业应用基于 C/C++、

C#、JAVA、Python 等语言开发，其组件多采用 Weblogic 等编程框架，可能会由于内存结构、数据处理、环境配置及系统函数等设计原因，导致内存溢出、敏感信息泄露、隐藏缺陷、反序列化漏洞等问题，进而造成上层应用调用组件时出现强制性输入验证、信息泄露、缓冲区溢出、跨站请求伪造等威胁，甚至会造成软件运行异常和数据丢失。

5. 工业数据

一是数据安全防护责任边界模糊。工业数据具有体量大、种类多、关联性强等特点，流经工业互联网平台多个层次，在采集、传输、存储、处理、使用等多个环节中涉及的责任人众多，工业互联网平台上工业数据安全防护的主体责任边界模糊，难以界定。

二是数据敏感度标识不清晰，敏感数据标识及保护技术待完善。工业数据包含研发、生产、运维、管理等数据信息，在不同的应用场景下，数据的价值不同，敏感程度也不同，如果不能对数据敏感度进行准确识别和有效分类，将无法实现对敏感数据的细粒度标识。在工业数据投入使用时，还需要根据业务场景对工业数据进行脱敏处理，当前平台仍缺乏完善的数据脱敏和隐私保护措施，在工业数据使用过程中存在敏感信息泄露等安全问题。

三是数据销毁及备份机制缺陷。工业互联网平台服务商在将资源重新分配给新用户时，若存储空间中的数据没有被彻底擦除，将造成用户数据泄露的风险。此外，平台服务提供商若未制定数据备份策略，未定期对数据进行备份，则在用户数据丢失时难以及时恢复。

四是数据安全交换共享机制不成熟。在工业大数据分析决策过程中，通常需要联合多方数据计算或训练模型，当前工业互联网平台数据安全共享交换机制尚不成熟，平台大数据安全分析技术仍有待研究。

五是开源数据平台存在安全漏洞。工业大数据分析系统作为工业互联网平台数据汇集、分析和决策的重要工具,需要较高的安全能力。但是当前大数据分析系统主要基于开源软件(大数据存储和计算框架)进行部署,一旦存在安全漏洞,被攻击者利用,将引发分析结果被篡改、被伪造等问题。

(四)安全措施视角

针对工业互联网平台在 5 个层面面临的安全威胁,从技术和管理的角度提出相应可落地的安全实施方案。安全技术包括接入安全、通信安全、系统安全、应用安全和数据安全,安全管理通过制度和规范协同资源,保障安全技术的贯彻落实。工业互联网平台安全防护措施如图 2-6 所示。

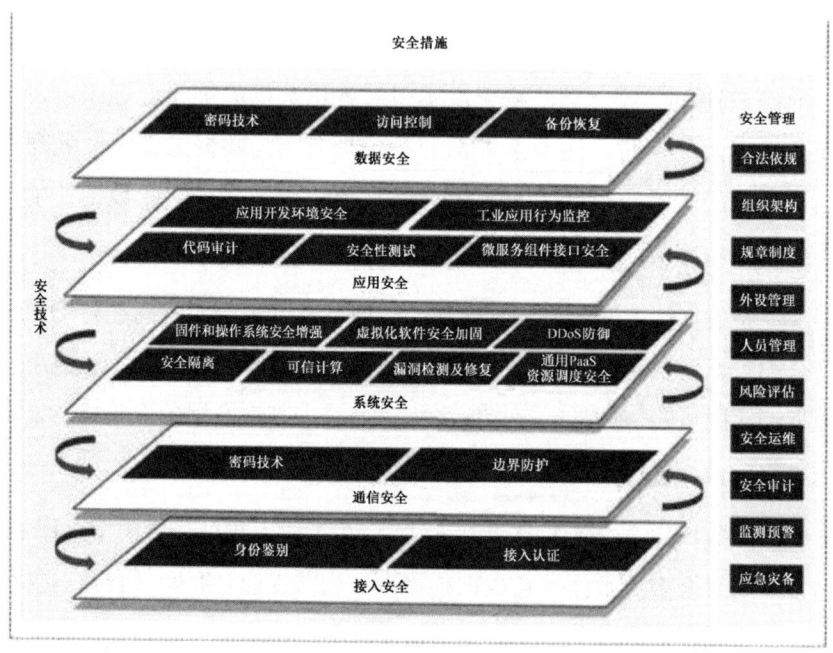

图 2-6　工业互联网平台安全防护措施

1. 安全技术

1）接入安全

（1）身份鉴别。对登录工业互联网平台的用户进行身份鉴别，实现用户身份的真实性、合法性和唯一性校验，可支持通过多种标准协议对接客户自有第三方认证体系登录，包含但不限于 OpenID Connect、OAuth 2.0、LDAP、SAML 等。

（2）接入认证。对接入工业互联网平台的设备进行认证，形成可信接入机制，保证接入设备的合法性和可信性，对非法设备的接入行为进行阻断与告警。

2）通信安全

（1）密码技术。采用密码技术保证通信过程中敏感数据的完整性和保密性。密码技术和产品的使用须遵循国家有关规定。

（2）边界防护。在工业互联网平台内部不同网络区域之间，以及平台与外部网络之间部署防火墙、软件定义边界（Software Defined Perimeter，SDP）等边界防护产品，解析、识别、控制平台内部网络之间及平台与外部网络之间的数据流量，结合身份鉴别、访问控制等技术，抵御来自平台外部的攻击。

3）系统安全

（1）安全隔离。对工业互联网平台中不同的虚拟域、服务和应用都采用严格的隔离措施，防止单个虚拟域、服务或应用在发生安全问题时影响其他应用甚至整个平台的安全性。

（2）可信计算。基于安全芯片，应用可信计算技术对工业互联网平台设备及软件进行可信加固，使之具备可信启动、可信认证、可信验证等能力。

（3）漏洞检测及修复。工业互联网平台的操作系统、数据库、应用程序在运行过程中，要定期检测漏洞，发现漏洞未修复及补丁未及时更新的情况，并采取补救措施，对开放式 Web 应用程序安全项目（Open Web Application Security Project，OWASP）发布的常见风险与漏洞能进行有效防护或缓解。

（4）通用 PaaS 资源调度安全。对工业互联网平台通用 PaaS 资源调度的相关服务进行安全加固，避免通用 PaaS 组件安全缺陷为平台引入安全威胁。

（5）固件和操作系统安全增强。对工业互联网平台设备固件及操作系统施加防护，提高其抗攻击能力。

（6）虚拟化软件安全加固。对工业互联网平台中的虚拟化软件进行安全性增强，确保其上的虚拟域应用、服务、数据的安全性，为多租户提供满足需求的安全隔离能力。

（7）DDoS 防御。在工业云平台部署 DDoS 防御系统，保证平台服务的可用性和可靠性。

4）应用安全

（1）代码审计。对工业互联网平台系统及应用进行代码审计，发现代码中存在的安全缺陷，预防安全问题的发生。

（2）安全性测试。工业应用在正式投入使用前，应进行安全性测试，尽早找到安全问题并予以修复。

（3）微服务组件接口安全。提供 API 全生命周期管理，包括创建、维护、发布、运行、下线等，对平台微服务组件接口进行安全测试和安全加固，避免由于接口缺陷或漏洞为平台引入安全风险。

（4）应用开发环境安全。确保工业云平台服务层应用开发框架、工具和第三方组件的安全，避免工业应用开发环境被恶意代码污染而造成安全隐患。

（5）工业应用行为监控。对工业软件、服务的行为进行安全监控，通过行为规则匹配或机器学习的方法识别异常，进行告警或阻止高危行为，从而降低不良影响。

5）数据安全

（1）密码技术。利用密码技术对工业互联网平台的敏感数据、用户及设备的鉴别凭证数据（如密钥等）、资源及应用访问控制策略等的存储和传输实施保护，保证平台中关键数据、资源、应用的安全，能支持国家商用密码算法及各种密码应用协议，相关设计遵循《中华人民共和国密码法》等法规及标准。

（2）访问控制。为工业互联网平台中的关键数据、资源及应用制定访问控制策略，并根据平台用户角色和业务流程的变更及时调整，确保平台对用户访问行为的细粒度控制和授权，可采用零信任技术保障平台身份鉴别安全和访问控制安全。

（3）备份恢复。通过在线备份、离线备份或热备份等方式，对工业互联网平台系统、应用、服务、数据等进行备份，以防止平台出现由安全事故导致的业务中断问题。

2. 安全管理

安全管理通过计划、组织、领导、控制等环节来协调人力、物力、财力等资源，从而保障工业互联网平台安全。

（1）合法依规。在进行工业互联网平台安全管理时，依照国家的战略方针、各项政策、法律法规、标准规范采取措施。

（2）组织架构。结合工业互联网平台安全防护对象的实际需要和相关规定，制定安全管理组织架构。

（3）规章制度。根据工业互联网平台的安全目标，制定安全管理策略、合理且可执行的规章制度，确保人员规范操作，保证安全技术正确实施。

（4）外设管控。对工业互联网平台涉及的硬件设备接口进行严格管控，防止外部设备的非法接入。

（5）人员管理。对参与工业互联网平台开发、建设、运行、维护、管理、使用工作的相关人员进行培训，使其熟悉安全标准和规范，减少由人员引入带来的漏洞和缺陷。

（6）风险评估。对工业互联网平台各层次的安全性进行评价，对潜在的脆弱性和安全威胁进行研判，确定平台安全风险等级，制订针对性风险处理计划。

（7）安全运维。定期对平台操作系统和应用进行漏洞排查，及时修复已公开的漏洞和后门；对平台操作系统及应用进行安全性监测和审核，阻止可疑行为并及时维护；在平台状态发生变更时及时进行安全性分析和测试。

（8）安全审计。对工业互联网平台上与安全有关的信息进行有效识别、充分记录、存储和分析，对平台安全状态进行持续、动态、实时的审计，向用户提供安全审计的标准和结果。

（9）监测预警。构建工业互联网平台安全情报共享机制，结合其他组织机构已公开的安全信息，实现平台风险研判、安全预警、加固建议等功能。

（10）应急灾备。制定工业互联网平台安全应急预案，对平台应急相关人员提供应急响应培训，开展应急演练；制定灾备恢复指南，掌握平台安全事件发生的原因，完成有效的技术处置和恢复，降低平台不可用造成的影响。

（五）生命周期视角

现有的工业互联网平台建设普遍存在"重功能、轻安全"的问题，未在平台开发初期引入安全设计。随着平台建设的深入，安全防护难度加大、安全风险加剧、安全建设成本超出预期，本工业互联网平台安全参考框架从全生命周期安全防护的视角出发，将安全融入平台规划设计、建设开发、业务使用、运行维护和废弃销毁的各个阶段，提高工业互联网平台全生命周期的安全防护能力。

工业互联网平台的安全生命周期如图2-7所示。

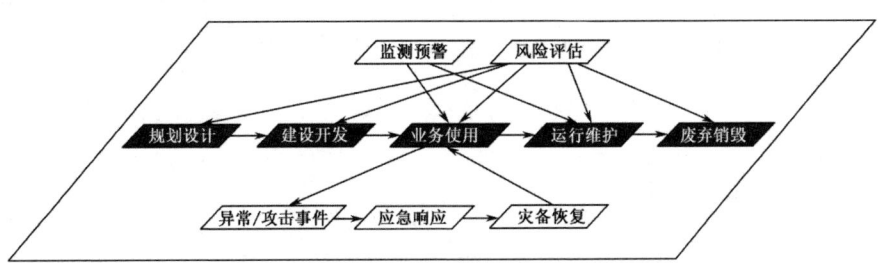

图2-7　工业互联网平台的安全生命周期

1. 规划设计

工业互联网平台安全规划设计包括需求分析和方案设计两个环节。在需求分析环节，要求确定平台安全的防护范围，不得随意更改，如果有确实需要新增或变更的需求，应组织专家评审后变更。在方案设计环节，根据平台安全需求，设计工业互联网平台安全方案；组织相关部门和安全专家对平台安全方案的合理性和正确性进行审定，经过批准后才能正式实施；建立平台安全风险衡量标准或评估标准，形成平台安全定期衡量机制或评估机制。

2. 建设开发

工业互联网平台安全建设开发包括安全开发、安全性测试、部署实施、上线试运行 4 个环节。一是安全开发，应组建专业的平台安全建设开发团队，进行平台软硬件建设、开发、管理和审计等工作。二是安全性测试，在平台设备、系统、软件建设开发完成后，进行完整的功能、性能和安全性测试，提交明确的测试方案、测试用例和测试报告。三是部署实施，在平台设备、系统、软件部署实施环节，应进行最小化部署，在部署方案中明确记录配置参数和配置文件，以供后期运维阶段做参考。四是上线试运行，在平台上线试运行环节，每个平台项目都要做第三方安全检测，明确并处置平台存在的安全风险。

工业互联网平台须在国家相关主管部门进行备案，根据国家法律法规、标准等相关要求开展工业互联网平台安全建设，以使平台达到相应的安全防护要求。

3. 业务使用

相关人员在使用工业互联网平台业务时，应确保人员操作符合平台安全规范。明确工业互联网平台使用人员的活动目的、安全义务和安全责任，对相关人员的安全活动进行监督记录，要求关键人员签署保密协议，保证平台安全防护措施在业务使用过程中能正确发挥作用。

4. 运行维护

工业互联网平台在其生命周期内，需要不断地维护和升级改进，以维护平台功能更新，保证其安全、稳定地运行。应组建专业的工业互联网平台安全运维机构及安全支撑服务团队，定期对平台设备、系统、应用进行风险评估、安全监测、安全审计、应急演练等，贯彻执行平台安全技术措施和安全管理制度；在平台发生安全事件时，进行应急响应和灾备恢复工作，保障平台业务的可用性和可靠性。

5. 废弃销毁

工业互联网平台中部分或全部设备、系统、应用、数据等在发生废弃销毁时，要注意不影响平台其他业务的正常运行。废弃销毁流程应符合国家、行业及企业的相关法律和流程，销毁过程中不发生敏感信息泄露问题。

在工业互联网平台的生命周期中，风险评估应在平台规划设计、建设开发、运行维护、业务使用和废弃销毁 5 个环节中贯彻实施，而监测预警应在平台运行维护和业务使用两个环节贯彻实施。

五、工业互联网平台安全的关键技术

针对工业互联网平台的需求特征和面临的安全威胁，本节总结了提升工业互联网平台的关键技术，为保障工业互联网平台安全的建设方、运营方、安全服务提供方等提供参考。

1. 边缘设备可信接入技术

重点适用：边缘计算层。

大量边缘设备采用有线或无线的方式连接工业互联网平台，具有移动性、松耦合、频繁接入或退出的特点，导致边缘网络拓扑和通信条件不断变化，面临着易受控制、易被伪造、系统与组件不安全等威胁。边缘设备可信接入技术可在提供轻量级硬件或软件支持的设备身份识别、多因子安全接入认证、完整性验证与恢复等功能的同时，保障边缘设备低功耗、低时延等性能要求。

2. 通信协议安全增强技术

重点适用：边缘计算层。

通信协议是设备与平台、用户与平台、平台与平台间完成通信或服务必须遵循的规则和约定。当前，工业互联网平台存在大量数据通信，采用的通信协议具有类型多样、明文传输等特点，需要在对现有生产环境影响最小的前提下，突破通信协议脆弱性分析、高效身份认证、细粒度授权和轻量级加密等技术，实现通信协议的安全性增强。

3. 平台接入设备安全管控技术

重点适用：边缘计算层、工业云基础设施层。

工业互联网平台接入设备具有种类异构、数量众多等特点，设备的策略分发、配置、性能监控等任务大多由人工完成，大量的设备监控和管理将耗费大量成本，不同类型设备配置不统一还可能导致系统策略不一致，造成潜在的安全漏洞。平台接入设备安全管控技术可提供平台接入设备安全管理、安全监控、安全策略自动化配置等功能，实现边缘设备自动化、智能化安全管控。

4. 平台网络跨域信任技术

重点适用：工业云基础设施层。

工业互联网平台中多网络安全域和多接入网络共存，攻击者利用被破坏的节点作为"跳板"，攻击平台网络中其他节点设备，可能造成威胁扩展。平台网络跨域信任技术包括节点完整性验证、用户身份认证、接口安全、API调用安全、域间隔离审计等，可避免单节点受损后跨域访问导致的网络威胁扩展问题，保障节点平台网络跨域访问时域间的相互信任和网络连接的上下文安全。

5. "云网边端"协同的安全漏洞识别技术

重点适用：边缘计算层、工业云基础设施层、工业云平台服务层。

漏洞识别是通过扫描、关联分析等手段，对目标系统缺陷进行检测的行为。针对工业互联网平台接入设备众多、系统应用多样、网络协议复杂、服务交互频繁造成的安全漏洞识别难度大、影响范围广的特点，须突破基于云、网、边、端协同的大数据分析、威胁信息共享、安全知识图谱等技术，实现对工业互联网平台设备、系统及应用的漏洞识别、分析、评估、检测与修补，从全局视角提升对漏洞的识别发现、理解分析、响应处置能力。

6. 平台主机和虚拟机安全加固技术

重点适用：工业云平台服务层。

工业互联网平台的上层系统安全与应用安全依赖底层云主机及虚拟机的安全运行，针对越权、侧信道攻击、虚拟机操作系统漏洞、逃逸攻击、镜像篡改等风险，突破白名单、基于可信硬件的可信验证、基于 AI 的主动防御等技术，保护云主机与虚拟机的系统及数据，以保证平台上层系统级服务的安全运行。

7. 平台微服务安全调用与安全治理技术

重点适用：工业云平台服务层。

工业互联网平台具有多样化的服务需求，一般将大型应用程序或服务分解为多个更小粒度的微服务，由不同团队并行独立开发和部署，在应对同一业务需求时调用多个微服务协同完成。平台微服务安全调用与安全治理技术可提供微服务接口安全验证、多微服务协同调用、微服务间安全通信、微服务行为安全监控等功能，并对调用第三方微服务接口的通信进行安全审计和管控，提升工业互联网平台微服务的安全防护水平。

8. 平台统一 IoT 态势感知技术

重点适用：工业云平台服务层。

平台统一 IoT 态势感知技术是以边缘侧 IoT 流量、关键网络节点流量、平台各系统日志等安全大数据为基础，对平台各层安全状态进行实时统一监测，综合平台整体的安全监控数据，对平台潜在的安全风险及恶意攻击行为进行分析预警，并提供辅助性决策的一种技术。通过接入本地移动网、固网（采样）数据，实现工业互联网资产的统一探测、全流量分析、风险识别、态势分析、预警通报、应急处置，同时实现基础数据管理、策略指令下发、情报库共享、信息推送等功能。

9. 基于区块链的安全协作技术

重点适用：工业云平台服务层、工业应用层。

区块链技术具有可信协作、隐私保护等优势，在应用到工业互联网平台时，能提升平台的安全性。基于区块链技术，为跨域集群建立业务共享通道，并利用高效共识机制协同更新分布式账本，实现信息来源可信、数据可追溯审计和通道内部数据的传输安全和隐私安全。利用区块链不可篡改、分布式共治等赋能能力，对平台各节点构建联盟链，实现节点的自治性预防保障、运行时异常监测和受损状态的自愈合。

10. 人工智能算法及系统安全保障技术

重点适用：工业云平台服务层。

人工智能算法存在黑盒和白盒的对抗样本攻击，人工智能系统缺陷和漏洞也可能被攻击者利用，导致识别系统混乱、识别结果错误等安全问题。需要从算法容错容侵、测试质量保障、安全配置、漏洞检测和修复等方面增强人工智能算法及系统的安全性，减小攻击者成功攻击人工智能算法及系统的可能性。

11. 工业应用安全检测技术

重点适用：工业应用层。

传统软件漏洞、Web 安全、API 安全、第三方开发者植入恶意代码等问题威胁平台工业应用生态的安全发展。需要面向特定工业行业、场景、业务的安全需求，研究工业应用安全检测技术，提供恶意代码分析、软件逆向、漏洞检测与利用、接口验证等功能，建立工业应用安全评估机制，及时发现工业应用接口中和服务过程中可能存在的安全隐患，为部署针对性的工业应用安全防护措施提供依据。

12. 多源异构工业数据清洗技术

重点适用：工业数据。

数据作为工业互联网平台有效运行的重要基础生产资料，亟须着重攻克针对海量多源异构工业数据源的智能识别、爬取、适配、捕获、高速数据全映像等技术，实现对结构化、半结构化、非结构化的海量工业数据的智能化识别、定位、跟踪、协议转换、分流及整合等，并针对工业互联网平台的计算能力下沉到边缘侧的特点，重点突破数据有效抽取、清洗、去噪及转化技术，有效提升工业互联网平台的边缘侧数据处理能力。

13. 平台敏感数据识别保护技术

重点适用：工业数据。

工业数据中包含工艺参数、生产运营数据等商业机密，若未根据数据分类分级结果进行敏感度标识，将可能造成数据管理混乱、敏感数据泄露的问题。对此，亟须突破工业数据敏感度标识、细粒度访问控制、关键字段加密、轻量级加密共享等技术，结合国家商用密码算法，保证敏感工业数据的机密性和用户访问的灵活性。

14. 数据集可信性检测及可信防护技术

重点适用：工业数据。

数据集的有效性和正确性是工业互联网平台安全、可靠运行的前提条件，数据在收集与标注时一旦出现错误或被注入恶意数据，将带来数据污染攻击，从而威胁依赖数据集训练的模型和算法的安全。须研究数据集可信性检测及可信防护技术，保障数据收集、传输阶段的真实性、完整性和可靠性，为后续数据分析的可信性奠定基础。

15. 工业数据跨平台可信交换共享技术

重点适用：工业数据。

随着工业互联网平台数据涉及范围的逐步扩大、业务场景对数据分析决策需求的多样化，对工业数据跨平台开放共享、互联互通、协同分析等要求日益提高，进一步扩大了跨平台数据流通、交换、共享过程中的攻击面。亟须突破基于敏感度的数据安全域划分、数据跨域流动管控、动态数据安全交换共享、数据可用不可见等关键技术，对不同敏感度等级的域间数据的流动过程、使用过程进行管控，做好数据流动过程中的审计，实现数据事件可追溯，确保数据交换共享过程的安全性。

16. 数据驱动的 APT 攻击检测与智能防护技术

重点适用：边缘计算层、工业云基础设施层、工业应用层、工业数据。

APT 攻击是一种具备高度隐蔽性的、针对特定对象展开的、持续有效的攻击活动。借助工业互联网平台边缘计算层的海量设备发起 APT 攻击，感染面更大、传播性更强，对此，亟须突破基于数据驱动的 APT 攻击检测、攻击建模、智能分析、智能防护、自适应恢复等技术，以抵御 APT 攻击。

六、工业互联网平台安全的发展展望

工业互联网作为新基建的重点方向之一，其发展已经进入快轨道。工业互联网平台作为工业互联网的核心，其安全是工业互联网安全的重要内容。我国工业互联网平台安全建设已经取得了一定成果，但网络空间安全形势瞬息万变，平台安全建设也在与时俱进，对此，本节对工业互联网平台安全发展做出展望，为我国工业互联网平台产学研用提供参考。

（一）政策标准

一是完善工业互联网平台安全政策要求，指引发展。以《国务院关于深化"互联网+先进制造业"发展工业互联网的指导意见》《加强工业互联网安全工作的指导意见》等政策文件为指引，统筹平台建设与安全建设。充分汇集产学研各界工业互联网平台的安全诉求，制定发布工业互联网平台安全防护相关的政策文件，进一步明确平台安全主体责任，以及安全管理、安全防护、安全评估与安全测试等要求，指导、敦促企业做好平台安全保障工作。

二是健全工业互联网平台安全标准体系，规范发展。制定工业互联网平台安全技术框架、评价指标体系等基础共性标准。组织推进平台边缘计算安全、设备接入安全、工业微服务与接口安全、平台数据管控、应用和数据迁移等关键技术标准的制定。根据工业互联网平台在不同行业领域应用场景的不同安全需求，梳理可能影响平台安全的关键业务流程，结合工业互联网平台安全参考框架，面向不同应用场景、行业，制定有行业特色的应用标准或行业标准。

（二）安全技术

一是建立工业互联网平台安全综合防御体系。围绕工业互联网平台各层次中关键硬件、软件组件的安全需求，结合工业互联网平台安全参考框架，从安全防护对象、安全角色、安全威胁、安全措施、生命周期5个视角统筹规划工业互联网平台安全建设，围绕设备、网络、系统、服务、数据等重点领域，在平台各层面部署安全技术与安全管理措施，建立工业互联网平台安全综合防御体系，提升平台综合防御能力。

二是应对标识解析与工业互联网平台融合应用引发的新型安全威胁。随着标识解析技术的广泛应用，标识解析与工业互联网平台的融合应用是未来发展趋势，同时也给平台引入了新的安全威胁。标识解析在架构、协议、数据、运营等方面均存在安全风险，须加强平台侧标识数据、标识解析流程、标识查询、标识解析、标识数据管理相关组件与接口的安全保护设计及安全措施部署，增强工业互联网平台上标识应用过程中自身的抗攻击能力。

三是研究工业互联网平台敏感数据可信交换共享。随着数据分析决策过程中工业互联网平台业务场景的多样化，以及对平台数据资源开放共享、互联互通要求的日益提高，不同行业、领域平台间数据交互的需求日益增多，数据的攻击面被进一步扩大。须结合工业数据分级分类相关标准，围绕工业互联网平台敏感数据可信交换共享的需求，研究敏感数据识别、标记、保护、跨平台流动管控、审计、用户差异化访问，以及相关软件和进程的安全保护等技术，确保敏感数据在不同域的工业互联网平台间交换共享时安全可信。

四是加强边缘层设备和系统安全接入管控能力。围绕工业互联网平台边缘计算层对设备安全管控、接入认证、权限控制等安全能力的需求，突破边缘设备可信接入、快速鉴权、动态阻拦、追踪溯源等关键技术，实现边缘层设备、系统接入平台的可信、可管、可控、可审计和可追溯。

五是防范新兴技术应用带来新的安全风险。大数据、人工智能、区块链、5G、边缘计算等新一代信息技术与工业互联网平台的融合应用，以及第三方协作服务的深度介入增加了信息泄露、数据窃取的风险。新兴技术应用将对原有的工业互联网平台安全监管模式带来新的挑战，应在新技术应用的同时，加强新兴技术安全防护手段研究与创新。

（三）产业协同

一是培养工业互联网平台安全复合型人才。加大力度培养边缘计算、云计算、工业微服务组件、工业应用、大数据等方向的安全专项人才，加大对技术研发和成果转化的支持力度，鼓励高校、科研院所、安全企业、平台企业和工业企业联合培养工业互联网平台安全复合型人才，推动人才资质评估认证工作。

二是加快工业互联网平台企业、工业企业与安全企业的联合协同。工业企业本身的网络安全技术水平不高，人才储备不足，面临设备部署成本高、防御效果难评估、安全运维投入大、应急响应预案不充分等问题，而且由于生产技术保密等因素，其与网络安全企业的合作不够深入。应加快工业互联网平台企业、工业企业与安全企业的联合协同，整合各自的优势资源、采用多种合作形式，鼓励开展服务认证实现工业互联网平台的安全建设和推广，提升平台安全服务水平。

三是推进工业互联网平台安全国际合作交流。大力推进国际合作，营造国内外协同的良好环境，促进国际交流及产业优势、技术优势互补。合理搭乘一带一路的"发展模式快车"，加强与国际工业互联网相关联盟、龙头平台公司的交流、研讨，大力推进和推广国际合作，开展具有全球化、前沿技术性的技术合作和应用创新，共同打造新世纪的工业互联网安全平台。

第三章
工业互联网标识解析安全

一、工业互联网标识解析概述

工业互联网标识解析是工业互联网实现全要素互联互通的重要网络基础设施。工业互联网标识是指工业互联网中使用的用于唯一识别和定位物理对象或数字对象及其关联信息的字符。标识解析体系为工业设备、机器、零部件和产品提供编码、注册与解析服务，是平台、网络、设备、控制、数据等工业互联网关键要素实现协同的"纽带"。与域名解析系统 DNS 和互联网的关系类似，工业互联网标识解析是工业互联网的神经中枢，是整个网络互联互通、资源调度、生产协调的重要基础设施。然而，工业互联网的发展对标识解析提出了更高的要求。一方面，标识的对象更为广阔。随着工业互联网的发展，需要标识的对象已从以往的域名延伸到一个身份、一个零部件、一个产品、一个作品、一个交易、一个服务等更为具体、更为广阔的对象。另一方面，信息的管理更为复杂多变。由于工业互联网中对象的多样性，使得标识相对应的信息结构更加复杂多变，因此需要扩展标识层的信息管理，以支持数据安全交互与安全共享。

（一）标识解析体系架构

目前全球存在多种标识解析技术，我国工业互联网标识解析体系将采用以数字对象架构（Data Object Architecture，DOA）技术为核心，兼容 Handle、OID、Ecode、GS1 等主流标识技术的融合型方案，其架构由国际根节点、国家顶级节点、二级节点、企业节点和递归节点等要素组成。其中，国际根节点是指标识解析体系的最高层级服务节点，一方面，不限于特定国家或地区提供面向全球范围公共的根层级的标识服务；另一方面，面向国内不同层级节点提供数据同步与注册解析等服务。国家顶级节点是指一个国家或地区内部的顶级节点，其与国际根节点及二级节点连接，面向全国范围提供顶级标识解析服务。二级节点是面向特定行业或多个行业提供标识服务的公共节点，负责为工业企业分配标识编码及提供标识注册、标识解析、标识数据等服务，其分为行业二级节点和综合类二级节点两种类型。企业节点是指一个企业内部的标识服务节点，能够面向特定企业提供标识注册、标识解析服务、标识数据服务等，并与二级节点连接。递归节点指标识解析体系的关键性入口设施，负责对标识解析过程中的解析数据进行缓存等操作，减小解析数据处理量，提高解析服务效率。我国工业互联网标识解析体系架构如图3-1所示。

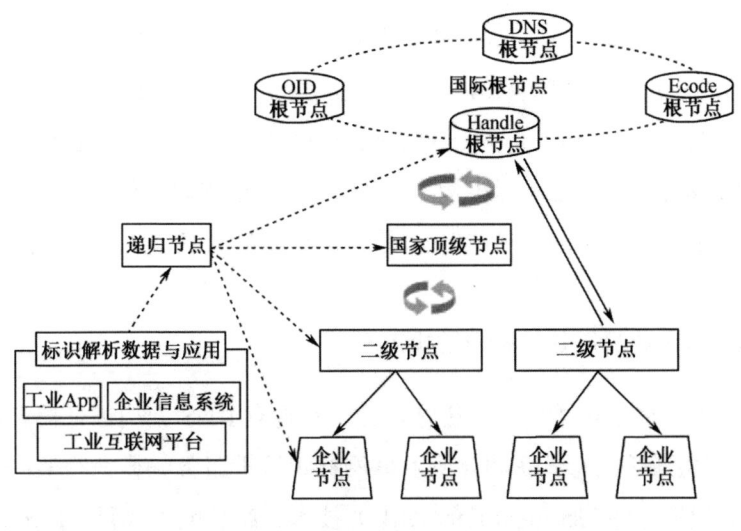

图 3-1　工业互联网标识解析体系架构

（二）典型标识解析技术

目前，国内外现存多种标识解析技术，根据其演进方式可分为 DNS

域名解析技术、基于改良路径的标识解析技术、基于革新路径的标识解析技术3类。

1. DNS 域名解析技术

DNS 域名解析是一种分布式网络目录服务，主要用于将服务器名称和 IP 地址关联，实现域名与 IP 地址的相互转换。域名系统定义了网络设备的命名语法和规范，以便于通过名称委派域名权限，通过 DNS 的命名方式为遍布全球的网络设备分配域名。

DNS 采用层次树状命名方法，不同层次之间用"."分隔，即"主机名.次级域名.顶级域名.根域名"，每个域名服务器只对域名体系中的一部分进行管辖，采用递归或迭代的查询方式提供解析服务，广泛应用于 Web 和电子邮件等应用中。域名与地址管理机构 ICANN 具有域名系统管理、IP 地址分配、协议参数配置，以及主服务器系统管理等职能，现由 IANA 和其他实体与美国政府约定管理。中国互联网络信息中心（China Internet Information Center，CNNIC）是我国域名注册管理机构和域名根服务器运行机构，负责运行和管理国家顶级域名".CN"、中文域名系统，提供域名注册、域名解析和 WHOIS 查询等服务。

2. 基于改良路径的标识解析技术

基于改良路径的标识解析技术通过对现有 DNS 架构进行扩充，以 DNS 上层应用的形式提供工业互联网标识解析服务。典型的架构包括对象标识符（Object Identifier，OID）技术、产品电子代码（Electronic Product Code，EPC）技术、物联网统一标识（Entity Code for IOT，Ecode）技术等。

OID 标识解析由 ISO/IEC 与 ITU-T 国际标准化组织于 20 世纪 80 年代联合提出，采用分层树形结构，其编码由一系列数字、字符或符号组成，层数无限制，支持对用户、网络服务及其他物理对象或逻辑对象等进行唯一命名。其解析系统采用递归解析方式，须依托 DNS，通过域名与名称权威指针（Naming Authority Pointer，NAPTR）记录完成解析操作。在安全方面，解析客户端可以选择是否使用 DNS 安全扩展（Domain Name System Security Extensions，DNSSEC），目前未提供其他安全保障方案。OID 技术已在信息安全、医疗卫生、网络管理等领域有应用实践。

EPC 技术于 1999 年由美国麻省理工学院 Auto-ID 中心（现为 EPCglobal，属于 GS1 组织）首次提出，EPC 标签数据标准（TDS）规定了其数据格式与编码方案。EPC 解析系统采用迭代解析方式，同样依托 DNS，通过名称权威指针记录完成解析。EPC 系统主要从 EPC、EPC 标签和读取器、服务发现、网络信息 4 个方面增强其安全性。EPCglobal 在中国的分支机构由中国物品编码中心负责成立，为国际 EPCglobal 系统成员提供服务，负责 EPC 物联网标准的制定及 EPC 码在中国的分配与管理。

Ecode 技术由中国物品编码中心主导、中国自主研发，采用层次编码结构，由多段数字组成，可用于标识物联网对象。采用迭代解析方式，依托 DNS，通过名称权威指针记录提供解析服务。在安全方面，除了使用 DNS 安全增强，Ecode 编码中还含校验码。目前，该标识技术已在产品追溯查询、防伪验证、产品营销等领域有应用实践。

综上所述，基于改良路径的系统便于实现且部署较快，仅需要在现有的 DNS 架构上进行扩展便可提供解析服务。但将其应用于工业互联网场景会使得大量请求涌入 DNS 服务，可能导致 DNS 系统过载，对 DNS 系统的正常运行造成影响。

3. 基于革新路径的标识解析技术

基于革新路径的标识解析技术不依托 DNS，而是直接基于 TCP 协议或 UDP 协议进行服务的新型标识技术，如数字对象标识解析技术（DOA/Handle）、泛在识别技术（Ubiquitous ID，UID）。

DOA/Handle 技术是基于数字对象理念的下一代全球分布式标识服务与数据管理体系框，由互联网之父 Robert Kahn 于 1994 年提出，目前由 DONA 基金会维护。Handle 标识解析体系能够为网络中的数字对象提供永久标识、动态链接和数据安全治理等基础服务。Handle 具有全球唯一的两段式结构码，即全球统一管理的 Handle 前缀和自定义编码（后缀），这两部分用"/"分隔，可兼容 OID、Ecode、GS1、DNS、UID 等标识技术。Handle 具有独立解析体系，标识解析系统由国际并联根节点（Global Handle Registry，GHR）、辅根节点（ARS）、行业节点（Local Handle Services，LHS1）、下级的各授权节点（LHSn）、缓存/递归解析服务节点等组成，可作为现有互联网的扩展，并与其完全兼容，从 Handle 编码解析到信息所在服务器或设备的 IP 地址，最终解析到具体信息。在安全方面，Handle 具有部分内嵌的安全机制，能够自主管理信息、访问权限及用户身份等，保证信息的安全与可控，具备用户数据主权保护能力，不依赖任何平台、系统、数据库。目前中国部署了自主可控的全球 Handle 根节点及下级节点网络体系，由国家工业信息安全发展研究中心（CIC）牵头的 MPA 中国联合体全权负责管理和运营，Handle 技术在国内已经成功应用于产品溯源、供应链管理、智慧城市、工业互联网等领域。

UID 技术通过泛在标识编码（UCode）标识客观实体、空间、地址、概念等物理对象或逻辑对象，并通过关系模型为 UCode 间建立关联。命名空间采用分层结构进行管理，由顶级域和二级域两层组成，每个编码长度固定，由版本、顶级域代码、类代码、二级域代码和标识码 5 个字段组成。UCode 采用递归解析方式，其解析系统由关系数据库节点、关系数据库前端、关系词汇引擎和信息服务 4 个核心组件组成。该技术主要应用于日本实时操作系统内核项目，为场所和物品植入的

IC 电子标签分配唯一的标识编码。

一方面，基于革新路径的系统弥补了现有 DNS 技术安全设计上的部分缺陷；另一方面，基于革新路径的系统服务较为轻便，更契合工业互联网场景。然而，革新路径难以利用现有基础设施，须重新部署，所以建设成本较高、周期较长。

（三）我国工业互联网标识解析政策支持情况

工业互联网标识解析体系建设是我国工业互联网建设的重要任务，我国积极推进标识解析国际根节点、辅根节点、国家顶级节点、二级节点建设，同时高度重视安全保障能力建设。2017 年，《国务院关于深化"互联网+先进制造业"发展工业互联网的指导意见》将"推进标识解析体系建设"列为主要任务之一，提出"加强工业互联网标识解析体系顶层设计，制定整体架构""构建标识解析服务体系，支持各级标识解析节点和公共递归解析节点建设"，明确指出"重点突破标识解析系统安全"。各地方也将标识解析体系建设作为落实工业互联网创新发展战略、加快数字化转型的重要抓手。2018 年，工业和信息化部设立了工业互联网专项工作组，并印发《工业互联网发展行动计划（2018—2020 年）》，提出以供给侧结构性改革为主线，以全面支撑制造强国和网络强国建设为目标，着力建设先进网络基础设施，打造标识解析体系，发展工业互联网平台体系，同步提升安全保障能力，突破核心技术。2018 年 12 月，工业和信息化部印发《工业互联网网络建设及推广指南》，提出在 2020 年初步构建工业互联网标识解析体系，建设一批面向行业或区域的标识解析二级节点及公共递归节点，制定并完善标识注册和解析等管理办法，标识注册量超过 20 亿个。2019 年 8 月，工业和信息化部等十部门印发《加强工业互联网安全工作的指导意见》，要求标识解析系统的建设运营单位同步加强安全防护技术能力建设，确保标识解析系统的安全运行；地方通信管理局监管本行政区域内标识解析系统、公共工业互联网平台等的安全工作。2019 年 12 月，工业和信息化部发布《工业互联网企业网络安全分类分级指南（试行）》，将工业互联网企业分为三类，其中标识解析系统建设运营机构是主要的工业互联网基础设施运营企业。2020 年 3 月，《工业和信息化部办公厅关于推动工业互联网加快发展的通知》将增强完善工业互联网标识体系作为加快新型基础设施建设的四大方向之一，将标识解析等新技术的应用纳入企业上云政策支持范围。2020 年 12 月，工业和信息化部发布《工业互联网标识管理办法》，为促进工业互联网标识解析体系健康有序发展，规范工业互联网标识服务，保护用户合法权益，保障标识解析体系安全可靠运行打下了基础。

（四）我国工业互联网标识解析整体建设情况

在根节点建设方面，2014 年，国家工业信息安全发展研究中心—北京中数创新—北京西恩多纳（CIC-CDI-CHC）联合体成为中国唯一的全球 MPA（Handle 标识解析全球根节点所在国家管理机构），可自主行使 Handle 资源顶级管理权限，负责推进部署中国的 Handle 全球根节点管理、建设、运营和应用推广等工作。我国同步推进基于 Handle、OID 等多种标识解析技术的工业互联网标识解析国际根节点建设。2019 年 10 月，DONA 理事会 2019 年会和第六届国际根节点 MPA 协调组会议在北京召开，美国、中国、德国、英国、沙特等各国 MPA 代表和 ITU（国际电信联盟）代表出席会议，从会议了解到，其他 MPA 国家的标识解析技术应用到工业互联网的较少，与其他国家相比，我国工业互联网标识解析建设起步较早、推广应用度较高。

在顶级节点建设方面，2018年年底，北京、上海、广州、武汉、重庆等地市政府与相关单位签署合作协议，共同推动工业互联网标识解析体系顶级节点建设工作，融合 Handle、DNS、OID、Ecode 等多种标识解析方案，同步开展了多个典型行业二级节点和行业应用示范。2019年10月，由国家工业信息安全发展研究中心主办的国际 DOA 技术应用论坛在北京召开，论坛开幕式上举行了"工业互联网根顶对接和 Handle 二级节点启动建设仪式"，标志着 Handle 标识解析国际根节点与国家顶级节点的对接迈向新的阶段。目前，五个国家顶级节点与 Handle 国际根节点、OID 国际标识体系等已经实现互联互通，可与国际工业互联网标识解析体系接轨。

在二级节点与企业节点方面，截至2022年4月，我国已经在29个省级行政区建设了192个二级节点，覆盖了船舶、集装箱、汽车等34个重要制造业行业和门类，为超过12万家的制造业和信息服务企业提供了近1300亿个唯一标识，日均解析量接近1亿次。

（五）研究内容和范畴

本章立足工业互联网标识解析在海量数据管理、服务质量保障、跨域访问管控、多标识体系兼容、安全机制扩展等方面的安全需求特征，分析当前标识解析面临的安全挑战。以标识解析业务流程视角为主线，从防护对象、安全角色、脆弱性与威胁、防护措施，以及安全管理等视角出发，明确防护对象，厘清安全角色，从架构、协议、身份、数据、运营、应用6个方面分析工业互联网标识解析体系的脆弱性与威胁，梳理安全防护措施，提出工业互联网标识解析安全框架。针对工业互联网标识解析的安全现状及面临的风险，汇编总结标识解析安全关键技术，展望标识解析安全发展路径。

二、工业互联网标识解析安全现状与建设意义

工业互联网推动当前以"人与人"连接为核心的互联网走向"人—机—物"全面互联，极大地扩展了网络空间的边界和功能，打破了工业控制系统传统的封闭格局，使工业互联网控制层、设备层、网络层、标识解析层、平台层等大量安全问题暴露出来，线上线下安全风险交织叠加放大，给安全防护能力建设带来了新的挑战。

随着工业互联网产业发展的不断深化，网络安全风险不断向工业领域转移，安全形势愈加复杂，风险日益加大，工业互联网正在成为网络安全的主战场。作为工业互联网的关键"纽带"，标识解析也将成为攻击的重点目标。DNS 因其应用时间久、应用规模广，成为当前标识体系安全事件频发的主要对象。工业互联网标识解析体系正处于高速发展阶段，与 DNS 和互联网之间的关系类似，工业互联网标识解析是工业互联网的重要信息基础设施，其受攻击的影响范围更广，因此需保障其安全性。接连发生的乌克兰停电事件、美国 Dyn 公司域名系统瘫痪事件，以及"永恒之蓝"病毒肆虐全球已经为我们敲响警钟。

（一）主流标识解析框架安全防护能力分析

1. DNS 安全防护能力分析

DNS 协议在设计之初并未考虑太多安全因素，导致 DNS 服务的安全性在当今日益复杂的互联网环境中备受挑战，面临劫持、隐私泄露、缓存投毒、中间人攻击、反射攻击等风险。

当前提出了多种安全协议来增强 DNS 安全。DNSSEC 使用签名技术保证了 DNS 报文的完整性和真实性，作用于递归服务器与各级权威服务器之间。DoT 和 DoH 对报文进行加密传输，作用于客户端与递归服务器之间，通过代理的方式将客户端产生的 DNS 流量进行加密。根据 IETF 标准 RFC 7830，对 DNS 数据进行填充，防止根据固定大小的 DNS 查询应答来推测 DNS 内容，进行隐私窃听。针对 DNS 协议无状态的特性，IETF 标准 RFC 7873 提出了 DNS Cookie 技术，在 DNS 查询之前交换 Cookie，可以抵御常见的拒绝服务攻击、放大攻击、伪造攻击和缓存投毒攻击。当前 DNS 增强协议未得到广泛应用，且增强的 DNS 协议仍存在安全挑战。

2. 基于改良路径的标识解析安全防护能力分析

首先，基于改良路径的标识解析服务需要依托 DNS，所以 DNS 系统本身的故障会导致服务失败。其次，此类标识解析系统继承了 DNS 系统存在的已有安全问题，包括架构脆弱、易被缓存投毒、单点故障、负载过重和易被特殊权力机构绑架等。再次，其安全保障主要依赖 DNSSEC，数据源身份鉴别能力与完整性保护能力虽有所提升，但难以兼顾可用性，且存在数据泄露风险。最后，此类标识解析体系高度依赖 DNS，大规模应用后会给现有 DNS 基础设施带来压力。

3. 基于革新路径的标识解析安全防护能力分析

DOA/Handle 体系可不依赖 DNS 服务，定义权限认证机制，支持数据、访问权限、用户身份等自主管理，保证身份安全、数据安全与行为安全，具备较高的安全性与可靠性，具体体现在以下 3 个方面：一是管理员与权限设计，为每个 Handle 标识设置一个或多个管理员，任何管理操作都只能由拥有权限的 Handle 管理员执行，并在响应请求前进行身份验证与权限认证。二是客户端身份安全与操作合法，客户端发起解析和管理请求均须进行身份验证，Handle 服务器会根据权限对客户端进行差异化解析，只响应客户端权限范围内的管理请求。三是服务器身份安全，客户端可以要求 Handle 服务器使用私钥对其响应进行签名，从而验证服务器身份。

UID 体系从物理标签安全、接入与访问控制、通信安全、资源管理、安全更新等方面采取措施，加强其安全防护能力。

基于革新路径的标识解析体系能够较好地满足工业互联网标识解析在安全等方面的核心需求，但是在海量标识数据治理、多主体身份认证、细粒度权限管控，以及全流程安全等方面仍须加强。

（二）工业互联网标识解析安全保障能力建设的意义

工业互联网作为新一代信息技术与制造业深度融合的产物，日益成为新工业革命的关键支撑和深化"互联网+先进制造业"的重要基石，对未来工业发展产生了全方位、深层次、革命性影响。作为工业互联网的重要网络基础设施，在保障工业互联网标识解析安全方面具有重要意义。

1. 标识解析安全是工业互联网安全的重要基础

工业互联网标识解析能够支撑工业数据流通和信息交互，支持工业互联网中设备、人、物料等的全生命周期管理，是打破信息孤岛、实现数据互操作、挖掘海量数据的基础。标识解析安全是工业互联网健康发展的前提和保障，一旦标识解析体系遭到入侵或攻击，波及范围不仅是单个企业，更可能延伸至其他工业互联网关键要素乃至整个工业互联网生态。做好标识解析安全保障工作是确保工业互联网应用生态、工业互联网关键要素等安全的重要保证。

2. 可支撑提升工业互联网整体安全防护水平

标识解析体系可助力工业互联网安全保障能力建设。随着工业互联网标识解析的普及应用，在保障标识解析自身安全的同时，标识的不可篡改、不可伪造、全球唯一等安全属性优势逐渐凸显，标识可在数据可信采集、统一身份认证、安全接入认证、密码基础设施服务、恶意行为分析等方面赋能工业互联网安全保障能力建设。标识解析体系安全的构建可推动工业互联网安全保障能力建设。标识解析安全建设可作为应用示范，推动工业互联网整体安全建设。推行标识解析安全管理机制及技术标准可带动工业互联网整体安全管理与技术创新。标识解析安全体系构建有利于加快产业应用协调发展。

3. 有助于推动工业互联网信息技术创新发展

标识解析体系安全构建有利于提高工业互联网核心技术的抗冲击能力，有利于把握工业互联网持续发展的主动性，推动工业互联网其他核心技术在此基础上建立独立自主的研发生态，提升工业互联网整体关键技术自主能力，摆脱技术的依赖性，提升我国工业互联网核心信息技术创新发展水平。

三、工业互联网标识解析安全需求的特征和挑战

工业互联网标识解析作为工业互联网数据交换与共享的重要基础，在海量数据管理、服务质量、多标识体系兼容等多方面具备独有的需求特征，标识解析所特有的业务流程和实现架构也为安全需求的实现提出了新的挑战（见图3-2）。

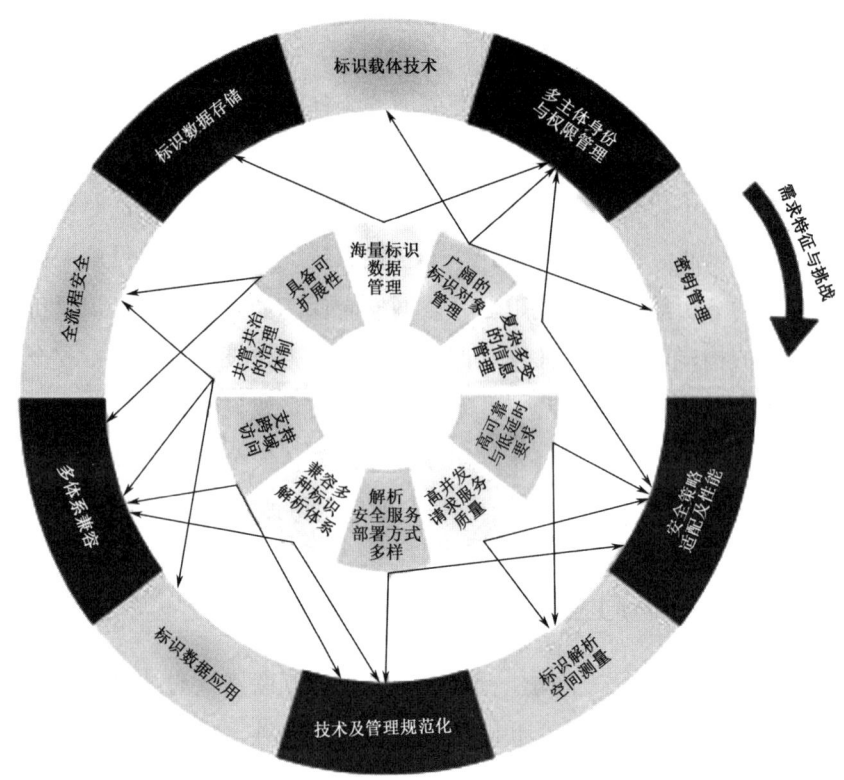

图 3-2　工业互联网标识解析安全需求特征和挑战

（一）工业互联网标识解析安全特征

工业互联网标识解析是工业互联网的重要基础设施，类似 DNS 服务器，是攻击者的重要目标。与消费互联网和传统物联网不同，工业互联网的通信主体多样、对安全性要求更高，为了支撑标识解析安全防护能力，标识解析安全需要满足以下 10 个需求特征。

特征 1：支持海量标识数据管理

工业互联网中标识解析包含海量工业设备、资源产生的海量标识数据，是传统互联网域名解析体系的百万倍甚至更大量级。需要具备多粒度和多权限的海量标识数据管理、轻量级的数据加密存储、高性能的数据安全检索、标识数据安全分类分级与隐私保护等能力。

特征 2：支持广阔的标识对象管理

随着工业互联网的发展，需要标识的对象已从以往的域名，延伸到了一个身份、一个零部件、一个交易、一个服务等更具体、更广阔的对象。需要提供标识身份验证、身份伪造监测、异构对象的权限访问控制、异常行为分析和操作行为审计等功能，对多类型的标识对象进行身份和权限的管理。

特征 3：适用于复杂多变的信息管理

工业互联网对象多样，往往来自不同的国家和地区，数据所有者错综复杂且实时变化，数据源包括物料、设备、网元、服务、操作员等，加上多标准、多协议、多命名格式共存，给对象的检索与管理带来了巨大挑战。标识解析需要全面支持与对象标识相关的各类信息管理；需要实现异构标识数据统一管理、标识合法性检测、标识关联性分析和异常标识检测。

特征 4：同时保障高可靠与低延时要求

工业互联网区别于传统消费互联网的一大重要特征是低延时，工业互联网的超时响应甚至未响应可能会带来生产安全威胁甚至生命安全威胁。需要提供低开销的身份验证机制和数据安全传输机制，并针对解析服务需求进行差异化服务，在保证标识解析服务低延时响应的同时保障服务的高可靠性。

特征 5：保障高并发请求服务质量

工业互联网标识解析系统面向的用户广泛，解析系统在同一时间可能会面对数以万计的标识解析请求，在解析的过程中需要保证数据的一致性，同时支持标识数据的更新、修改、删除操作，保证高并发下稳定、可信的查询服务质量。需要提供标识数据的安全同步机制，实现数据的安全更新，并根据应用场景动态调整安全策略，降低安全保障机制对业务质量的影响。

特征 6：解析安全服务部署方式多样

依据应用场景不同的解析服务需求和安全需求，工业互联网标识解析系统和标识解析安全服务需要以不同的形式部署，包含硬件部署、软硬件融合部署，以及云化部署等多种形式，为系统的统一管控带来了挑战。需要提供标识解析服务和安全服务功能模块化精准划分方法，动态部署调配方案，设计跨平台、跨系统的管控协议，实现多种部署方式的统一管控、联合管控。

特征 7：须兼容多种标识解析体系

当前工业互联网标识解析体系中兼容了多种标识解析体系，如 DNS、Handle、OID 等，需要协调各技术体系的安全防护能力，消除体系中的安全短板，实现兼容的安全、协同的安全、整体的安全。需要提供兼容不同标识协议的统一安全防护框架，依据不同的协议标准和服务需求，进行安全服务的灵活编排和动态部署，实现跨协议兼容的安全认证和统一认证，满足兼容系统的整体安全需求。

特征 8：支持跨域访问

工业互联网标识解析服务存在大量跨信任域的应用场景，对跨信任域的标识解析请求需要细粒度、轻量级、支持跨域访问的标识解析访问控制机制。需要提供统一的跨域安全认证平台，设计细粒度权限快速查验机制，实现跨行业、跨领域、跨解析协议的公认信任体系。

特征 9：构建共管共治的治理机制

作为支撑工业互联网应用的重要基础设施，工业互联网标识解析需要支持多主体参与、跨地域部署，构建多边共管共治的治理机制。我国工业互联网标识解析既需要支持网际兼容国际，使二者可互联互通，又需要保证在极端条件下网内自主可独立。需要实现自主可控的标识解析安全管理系统，设计不同主体、不同域间进行协调的安全标准接口。

特征10：具备可扩展性

工业互联网标识解析服务应具备可扩展性。在架构层面，可根据实际需求进行服务的扩充，保证该体系在未来海量数据及新增标识方案场景下依旧满足需求。在协议层面，应支持无缝添加其他新型标识解析协议子域。在系统层面，须保证系统扩展时命名空间可容纳未来海量数据接入，同时保证服务可靠和安全有效，设计多体系安全隔离的防护体系，在确保扩展性的同时，减少安全短板对整体系统安全的影响。

（二）工业互联网标识解析安全挑战

当前产业界及学术界已经开始认识到工业互联网标识解析安全的重要性和价值，并开展了积极有益的探索，但是目前关于工业互联网标识解析安全的探索仍处于产业发展的初期，缺乏系统性的研究。针对上述安全需求，下面就工业互联网标识解析环境中的多体系兼容、标识载体技术、多主体身份与权限管理、安全策略适配及性能、密钥管理、标识数据存储、标识数据应用、技术及管理规范化、全流程安全、标识解析空间测量等方面汇编总结了当前标识解析面临的10个主要的安全挑战。

挑战1：标识载体技术

标识载体是承载标识编码资源的标签，需要主动或被动地与标识数据读写设备、标识解析服务节点、标识数据应用平台等发生通信交互。主动标识载体安全、被动标识防伪、载体标识数据安全更新等是保障标识解析数据安全的第一道关口，是工业互联网标识解析安全建设的重要挑战。

挑战 2：多主体身份与权限管理

工业互联网标识解析体系涉及领域众多，应用行业分布广泛，二级节点的运营服务机构较多，标识对象、标识用户海量，需要对身份及权限进行细粒度的管理，在身份可信、隐私数据保护、防止越权、防止非法操作技术实施上存在较大挑战。

挑战 3：密钥管理

标识解析机制的灵活性和工业互联网应用的多样性，导致了数据的多样、多源。随着业务场景的动态变化，以及设备数量的快速扩展，传统的密钥管理方法难以适用于标识解析体系的密钥管理。在海量、多源、异构环境下，实现标识对象、用户、运营机构密钥的统一适配与管理存在挑战。

挑战 4：安全策略适配及性能

工业互联网标识解析具有不同应用场景、应用特性、地域特性、行业特性，安全需求的动态特性明显，工业应用对数据采集的实时性、计算的效率、存储量、稳定性都有较高的要求。如何结合不同的应用场景来动态设置和快速调整、分派安全策略尚未明确，如何在保障安全策略适配的同时不影响业务处理能力，兼顾高可靠与低时延，兼顾安全运营与高并发服务是安全建设需要解决的关键问题。

挑战 5：标识解析空间测量

工业互联网标识解析空间测量旨在通过对实际标识解析网络的测量和运行状况的评估，建立基于测量的标识解析行为分析模型，为性能提升、系统优化设计与实施流量工程提供指导。而标识解析跨域、多类型、海量、异构的特点为标识解析空间测量带来挑战。

挑战 6：技术及管理规范化

规范化的技术及管理有利于工业互联网解析应用的推广，现阶段标识解析技术较为碎片化，建设和管理依据不足，实现协议的标准化、安全机制的标准化、安全管理的体系化存在挑战。

挑战 7：标识数据应用

从数据来源看，工业互联网标识解析数据的所有者众多且跨行业、跨地区，数据请求量级与数据操作量级高，各企业数据多标准、多协议、多命名格式共存，使对象的检索与理解难度加大。针对工业互联网标识解析流量的大数据分析，是推进工业互联网发展、焕发标识数据生命力的主要手段。然而当前工业企业数据安全问题突出，在大数据采集与分析过程中，保障数据主权及隐私安全、激发企业数据共享动力是当前安全建设的一大挑战。

挑战 8：多体系兼容

在工业互联网标识解析体系中，由于多种标识编码体系并存，无法引入一种统一的模式支持不同的标识编码体系。在不改变现有标识编码体系协议设计的前提下，需要进行统筹考虑并设计安全机制，实现对标识解析安全防护能力的多标识体系兼容。

挑战 9：全流程安全

工业互联网标识解析体系在标识注册、节点接入、数据管理、解析查询的各个环节中存在端到端的数据流动，涉及数据的产生、采集、传输、存储、处理、销毁等全生命周期的安全问题，存在被恶意篡改、窃取等安全威胁。通过构建标识解析全流程的安全监测手段摸清数据资产、梳理数据使用、管控数据风险等存在挑战。

挑战 10：标识数据存储

标识数据海量、解析体系与存储架构多样性等特点，导致标识数据存储对软硬件可靠性、可用性的要求很高。在分布式部署架构中，数据传输链路长，各节点安全性与数据同步安全性都需要保障，特别是对敏感信息加密解密的工作量巨大，保障数据安全性的同时兼顾系统性能存在挑战。

四、工业互联网标识解析安全框架

工业互联网标识解析安全框架（见图3-3）以标识解析业务流程视角为主线，从防护对象、安全角色、脆弱性与威胁、防护措施，以及安全管理的视角出发，明确防护对象，厘清安全角色，针对架构、协议、身份、数据、运营、应用6个方面分析工业互联网标识解析体系的脆弱性与威胁，梳理保障运行环境、身份、服务运营，以及数据4个方面安全性的防护措施，从风险评估、监测预警、应急响应3个方面给出安全管理建议。

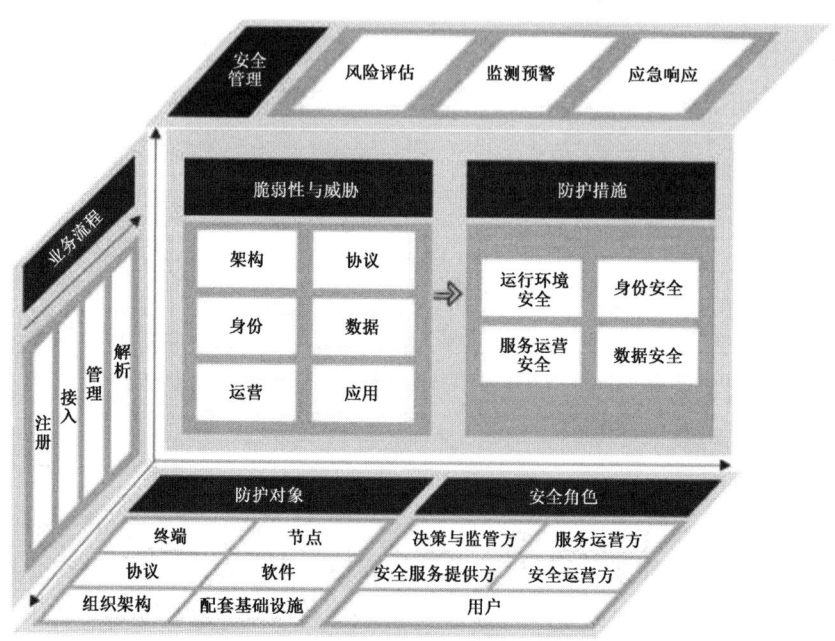

图3-3　工业互联网标识解析安全框架

（一）业务流程视角

工业互联网标识解析业务流程主要包括注册、接入、管理和解析。

注册指在标识解析系统中申请并获得标识编码的过程，包括节点注册（针对一段标识）、标识注册（针对单个标识）。在注册过程中需要确认注册申请方、注册受理方的身份，保障注册消息的安全传输。

接入指在标识解析系统中完成编码与解析数据配置的过程，包括节点接入、标识对象（具有联网解析功能的设备）接入。在接入过程中需要确认新接入对象、接入点身份，保障接入配置消息的安全传输。

管理指在标识解析系统中对标识数据进行增加、删除、修改、查询的过程，包括数据更新、数据同步等。在管理过程中需要确保管理操作者身份及权限合法，保障操作数据的安全传输。

解析指在标识解析系统中查询标识编码、获得对应解析数据的过程，包括解析标识对应企业节点信息、解析标识对应属性值等。在解析过程中需要确保解析请求方和解析服务提供方身份及权限合法，保障解析数据的安全传输。

（二）防护对象视角

依照工业互联网标识解析"注册、接入、管理、解析"的业务流程，工业互联网标识解析安全防护对象包括终端、节点、协议、软件、组织机构，以及配套基础设施。防护对象的范畴也是本书研究的工业互联网标识解析安全边界，工业互联网标识解析安全防护对象如图 3-4 所示。

终端：标识载体及客户端。

节点：包括标识解析根节点、顶级节点、二级节点、递归节点及企业节点服务器。

协议：标识注册、解析、安全保障过程中使用的相关通信协议。

软件：提供解析注册、解析运营、运行维护、安全保障服务的软件。

组织架构：平台系统建设、运营、监管、使用的机构。

配套基础设施：包括CA、密钥管理中心等安全服务基础设施，路由等网络基础设施，以及搭载软件系统的云平台等。

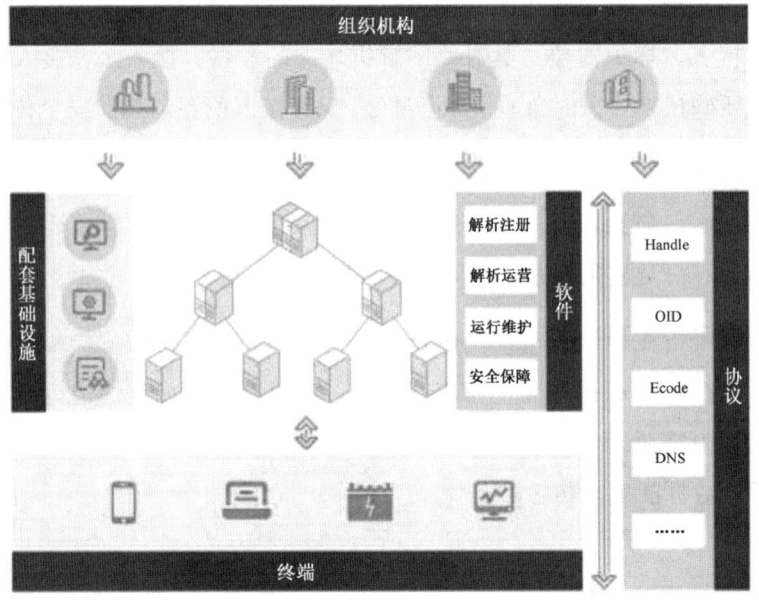

图3-4 工业互联网标识解析安全防护对象

（三）安全角色视角

工业互联网标识解析安全建设与保障过程中涉及的角色包括决策与监管方、服务运营方、安全服务提供方、安全运营方、用户。

标识解析决策与监管方负责对工业互联网标识解析安全架构的设

计建设方案进行决策，对工业互联网标识解析安全建设、运营、使用情况实施监督管理。

标识解析服务运营方负责提供标识解析服务，使用安全服务保障标识解析服务安全。

标识解析安全服务提供方负责提供工业互联网标识解析安全产品，以及集成、建设等服务。

标识解析安全运营方负责对工业互联网标识解析安全事件进行监测、预警、响应和恢复。

标识解析用户包括联网解析企业、个人及具有联网解析功能的终端，需要安全、合法地使用标识解析服务。

（四）脆弱性与威胁视角

在架构、协议、身份、数据、运营，以及应用 6 个方面分析标识解析的脆弱性与威胁。

1. 标识解析架构

工业互联网标识解析架构包括终端、节点、协议、软件、组织机构，以及配套基础设施多类对象，其架构脆弱性与威胁可分别从各类对象和体系架构角度进行分析。

从对象角度分析，终端是标识解析服务的入口，节点是标识解析体系的关键组成，协议是标识解析通信的基础，软件直接提供标识解析服务，组织机构是标识解析软件、硬件的管理者与操作者，配套基础设施是标识解析服务的重要支撑，以上各类对象都可能成为标识解析体系的脆弱点。

从体系架构角度分析，首先，标识解析体系的树形分层体系架构为拒绝服务攻击提供了可能，一旦上层节点被破坏将造成下层叶子节点之间不可达。其次，当其节点数据被篡改时，将为整个标识解析体系带来不同程度的影响。例如，国际根服务器或国家顶级节点服务器被篡改可能会误导客户端请求，将其引导至错误的顶级节点、二级节点或企业节点，被破坏节点授权的下级节点也将不可信。企业节点服务器被篡改可能会返回错误的标识解析结果。中心节点数据被篡改可能导致更大范围的污染扩散。

2. 标识解析协议

工业互联网标识解析体系中使用了多种通信协议，这些通信协议的安全特性参差不齐，架构也存在较大的差异。多数标识解析协议在设计之初没有过多地考虑安全性，即一方面要保证协议自身的设计安全；另一方面要保障协议的实现安全。

工业互联网标识解析在协议方面可能存在多种脆弱性。一是源端身份鉴别问题，若在通信时未进行双向身份鉴别，则易滋生身份伪造风险。二是数据传输完整性问题，若对数据缺乏一致性校验，则易受到中间人篡改。三是数据传输保密性问题，若对通信数据采取明文传输，则易被窃听，造成隐私泄露。四是协议设计缺陷，若设计协议不严谨，易造成重放攻击、等待时间设置过长、侧信道攻击等威胁。五是协议实现问题，在协议的工程实现过程中容易出现代码安全、软件开发工具包（Software Development Kit，SDK）安全等问题。六是密码算法安全，若协议中选用的密码算法被破解，或密码算法实现过程有误，则直接影响传输数据安全。

3. 标识解析身份

工业互联网标识解析涉及的主体类型多样，人、机构、软件系统、硬件设备等主体的身份信息与权限级别各异，身份认证及基于身份的管理控制存在挑战。身份安全是建立安全通信、提供可靠服务的基础，一旦身份信息被伪造、权限策略被篡改或绕过，将影响通信安全、数据安全及服务可控性，工业互联网标识解析场景中的典型攻击威胁包括伪造节点的中间人攻击、越权访问标识数据。

（1）伪造节点的中间人攻击。攻击者可能拦截标识解析请求，冒充请求方向服务方发出请求，冒充服务方给原请求方返回响应。攻击方可能篡改响应内容，也可能观察请求与响应消息中的敏感信息。攻击者可以用类似的手段冒充客户端窃取标识属性数据，冒充物品提供虚假物品信息返回给企业节点认证等。

（2）越权访问标识数据。企业节点为标识的属性信息设置基于用户的、基于角色的或基于属性的权限，只允许符合权限的用户操作。攻击者可能通过水平越权的方式访问与其拥有相同权限的用户的资源，通过垂直越权的方式访问高级别用户的资源。

4. 标识解析数据

工业互联网标识解析数据是标识解析应用的关键资源要素，需要在采集、传输、存储、使用等各个环节保障其保密性、完整性、真实性、不可抵赖性，协议脆弱性会为数据传输过程带来安全问题，其中采集、存储、使用过程的脆弱性与威胁分析如下。

（1）数据采集。标识解析系统的数据来源广泛、结构杂乱。从主体看，工业互联网通信主体来自不同的国家和企业，数据所有者错综复杂且实时变化，包括物料、设备、网元、服务、操作员等，具有更高的复杂性和多源异构性。一方面，在数据采集过程中会涉及大量重要的工业数据和用户隐私信息，访问控制及安全维护难度大，会因访问控制策略配置不当造成隐私泄露；另一方面，工业互联网标识数据载体类型多样、安全水平参差不齐，会因标识载体被破坏导致采集数据失真。

（2）数据存储。超千亿规模的标识数据及支撑系统运行的基础数据和日志数据对数据的安全存储提出了更高的要求。当前标识解析平台具有分布式部署、节点众多、数据传输链路长的特点，一方面，数据可能在各节点被破坏；另一方面，数据同步压力大，可能在同步过程中遭到缓存污染。

（3）数据使用。当前通过接口使用千亿级工业互联网数据的过程存在多种安全隐患，由于数据处理节点多、类型复杂、部署分散，接口安全运维难度大，容易出现访问控制不严谨、安全策略不一致、行为审计不严格等问题。当接口被大规模调用时，会消耗系统资源，影响系统的正常访问，甚至导致系统瘫痪；当接口被非法或越权使用时，数据可能被伪造、篡改、泄露，影响数据的完整性与保密性。当前针对工业互联网标识数据的探测行为日益增多，如果攻击者掌握了某一类资源的特征，很可能会利用这一特征对可探测资源进行批量枚举攻击，影响工业互联网资源的数据安全。

5. 标识解析运营

随着工业互联网标识对象数量、用户体量和系统规模的持续壮大，标识解析体系的运营迎来了新的挑战，需要厘清决策与监管方、服务运营方、安全服务提供方、安全运营方，以及用户主体在标识服务运营、标识解析安全保障、标识解析服务监管等环节的安全责任。以上标识解析运营主体在各流程分析运营方面的脆弱性与威胁情况如下。

（1）标识服务运营。当决策方或标识解析服务运营方对标识编码资源分配不合理时，会使标识编码资源难以满足应用需求，同时出现资源闲置与紧缺情况；当标识解析服务运营方未对标识注册申请进行有效管控时，可能出现标识资源被抢注、滥用等情况；当标识解析服务运营方未对人员、机构进行有效管理时，可能出现人员误操作、机构非法运营等情况，引发标识资源失信、标识解析结果失真等安全问题。

（2）标识解析安全保障。当安全服务提供方、安全运营方在设计、建设和运营标识解析安全服务的过程中未考虑工业互联网场景下应用高并发、低时延、高可靠性、可用性需求时，可能出现安全控制措施影响业务连续性的情况；当安全运营方未对物理环境、人员身份、系统运行、资源使用采取有效的安全保障策略，未对风险制定完整的评估、监测、响应方案，未能落实技术加制度的安全管理手段时，可能造成标识解析安全保障缺失的情况。

（3）标识解析服务监管。当标识解析服务运营方、监管方未对标识内容进行深入的有效监管时，标识数据可能会被用于存储有害信息或作为攻击支撑。

6. 标识解析应用

标识解析架构可能被恶意利用，对其他系统造成攻击威胁。一方面，标识解析可能为僵尸网络提供温床，攻击者通过注册解析节点建立指挥与控制（Command and Control，C&C）信道，僵尸主控机通过C&C信道进行信号传输并控制僵尸主机，进而实现一系列恶意行为，如分布式拒绝服务攻击、隐私信息窃取等；另一方面，攻击者可能伪造成受害者发起大量正常标识解析请求，利用标识解析应答流量对受害者进行拒绝服务攻击。此外，攻击者还可能对其恶意数据包进行二次封装，伪造成正常标识解析流量穿透防火墙，对目标进行隧道攻击。

（五）防护措施视角

针对标识解析在架构、协议、身份、数据、运营、应用6个方面的脆弱性与威胁，防护措施视角以"注册、接入、管理、解析"的业务流程为主线，在物理环境、主机、网络、协议、系统、身份、数据等多方面采取技术加管理的防护措施，保障标识解析运行环境安全、身份安全、服务运营安全、数据安全，符合《中共人民共和国网络安全法》《中共人民共和国密码法》《网络安全审查办法》等相关法规及网络安全等级保护 2.0 相关标准。

1. 运行环境安全

为保障工业互联网标识解析终端、节点、平台系统的运行环境安全，应从物理环境、设备及软件系统、网络等方面部署安全防护措施，提升安全防护能力。

在物理环境安全防护方面，建立机房安全管理制度，对机房所在区域采取访问授权、视频监控等物理安全防护措施，并定期巡查通信线路。对核心软硬件所在区域采取安全域隔离、访问控制、视频监控、专人值守等物理安全防护措施。防火、防盗、防静电、防尘，进行温湿度控制、电力供应、电磁防护。

在设备及软件系统安全防护方面，一是做好资产管理，建立标识解析系统基础设施资产清单，做好资产分类、分级与标识管理，及时修复重要系统的安全漏洞。二是做好恶意代码防范，建立恶意代码防护及其相应的维护机制，通过手动或自动方式及时更新，防止非特权用户绕过。三是做好漏洞与补丁升级，密切关注重大工控安全漏洞及其补丁发布，及时采取补丁升级措施，在补丁安装前，需要对补丁进行严格的安全评估和测试验证。

在网络安全防护方面，一是做好安全域划分，分离安全区域，通过网络边界防护设备对边界进行安全防护，通过防火墙、网闸等防护设备对安全区域进行逻辑隔离安全防护。为核心系统（如标识解析节点服务系统）搭建独立的计算平台、存储平台、内部网络环境及相关维护、安防、电源等设施，并通过受控边界与外部网络相连。二是做好入侵防范，开发端口扫描、木马后门、DDoS、缓冲区溢出等网络入侵行为检测及报警功能，并记录攻击源 IP、攻击类型、攻击时间。对进出核心系统的数据信息进行过滤，并能根据系统能力对网络流量及并发数进行限制，对关键入侵行为进行阻断。三是做好安全审计，对重要设备运行情况、网络流量信息、系统管理及维护等信息进行记录，对记录进行留存并加以保护，防止篡改和未授权访问，以支持将来的调查和访问控制监视。

2. 身份安全

为保障工业互联网标识解析终端、节点、组织机构身份可信，防止伪造身份的中间人攻击、重放攻击，以及越权访问，应从组织机构、终端、协议、平台系统等方面采取防护措施，提高身份管理安全与应用安全。

在组织机构方面，加强机构实体身份认证，对于新申请加入的组织机构做好相关身份与资质审查，建立身份信息标识，保证操作过程身份可校验，防止机构身份伪造。

在终端方面，一是加强标识载体安全，通过防伪、标识绑定等技术防止被动标识载体及主动标识载体中的标识编码被篡改、伪造。二是提升客户端安全，通过软件安全防护技术，防止客户端被破坏，避免其身份被篡改、伪造、恶意利用。

在协议方面，采用具有认证机制的通信协议，在各级节点间、客户端与服务端间等通信过程中，对主体身份、消息进行安全认证，支持配套的认证密钥建立。

在平台系统方面，建设支持多种认证方式的身份与权限管理平台，对工业互联网标识解析涉及的多主体对象的身份及权限进行统一管理，对用户访问的全过程实行严格的权限控制，包括从登入到登出的过程。

3. 服务运营安全

为保障工业互联网标识解析服务运营方提供"注册、接入、管理、解析"服务的安全性，同时保证服务质量，应建立健全安全管理支撑、标准规范指引、技术手段保障、资源管理协同的安全的服务运营体系，提升服务运营安全，保障标识解析体系安全、稳定、持续运行。

建立和完善规范的运营管理制度。对标识解析注册机构、运营服务机构、监管方、安全服务提供方、安全运营方等制定相应的管理制度和运营规范，明确各机构的职责、权益、工作流程，制定并发布工业互联网标识解析安全相关政策文件，面向各级解析节点提出安全保障技术要求及风险评估规范。在影响国计民生和公共安全的关键领域中，建立标识解析服务的准入审查机制，加强标识解析服务运营及应用的安全性、可控性和透明性的审查。

制定运营安全的技术规范。建立健全工业互联网标识解析安全标准体系，先行制定接入安全、运营安全等相关技术规范和标准，加快标识解析安全管理、安全防护、安全评估等标准立项与制定。

综合采用安全技术手段建设立体化防护体系。针对物理环境、终端设备、软件系统、网络设施等对象，在服务及运维等过程采取多样的安全防护技术，建设立体化防护体系，保障物理环境安全、通信网络安全、区域边界安全、计算环境安全和服务安全。保证标识解析业务不间断运行，保持主备服务器间的数据同步与更新，定期进行日志备份，做到操作可追溯，历史数据可统计。

加快形成资源管理的协同机制。完善标识注册备案机制，加强标识解析注册与服务机构的认证和管理，做好解析节点授权管理及标识资源使用，利用云计算、大数据等新手段实现数据资源共享、机构高效协同、责任边界明确的标识解析服务协作机制。

落地技术应用，落实制度要求。按照制定的管理制度规范要求，做好安全审计，对每个用户账号的操作、行为、标识资源使用情况、系统重要安全事件进行审计，留存记录并加以保护；做好身份鉴别，在标识解析系统运营维护、配置和补丁管理、系统升级、主机登录、标识解析服务资源访问等过程中使用身份认证管理，对于关键设备、系统和平台的访问采用多因素认证；做好会话认证，对所有的通信会话提供真实性保护，防止中间人攻击、会话劫持；做好访问控制，依据安全策略控制业务用户、管理用户对系统文件、数据库、标识资源等客体的访问，对重要信息资源设置敏感标记，并依据安全策略控制用户对有敏感标记的重要信息资源的操作，实现规范化的技术应用、体系化的运营管理、立体化的安全保障。

4. 数据安全

为保障工业互联网标识解析各主体在"注册、接入、管理、解析"业务流程中产生的数据安全性，防止数据被篡改、丢失和泄露，应从存储、传输、使用等方面采取防护措施，确保数据的可用性、完整性和保密性。

数据分类分级，建立分级管理规范。将工业互联网标识数据进行分类分级，对其存储、传输、使用过程制定对应的操作规范，定义不同类别、不同等级数据的安全防护要求。

数据分级管理，采用针对性数据安全防护手段。对标识解析体系中涉及核心工业参数配置等的重要文件、目录及注册表进行保护，不允许进行修改、删除，以及目录、文件重命名等操作，阻止异常修改并记录相应日志。在存储标识数据及其他有重要价值的敏感数据时，采用密码算法或其他措施实现存储数据的保密性。确保敏感信息在入库（结构化数据）或落盘保存（非结构化数据）后以密文形式存在。在对重要数据进行传输时，除加密外，应对标识数据的有效性、完整性进行检验，保证标识数据未被篡改或伪造。在使用数据时，需要根据数据类别与等级进行访问控制。

数据访问控制，设计细粒度数据使用控制策略。对数据重建安全访问机制，以应用层为抓手设计数据访问控制策略，对访问主体（包括人、设备及节点等）和被访问数据实现细粒度访问控制，结合数据加密方案实现数据访问过程动态脱敏。

数据操作审计，实现全流程数据操作过程管理。对于数据新建、访问、修改、删除等行为，记录完整的数据操作过程及主体身份信息，形成审计日志，并结合数字签名技术防止日志被篡改，确保数据操作全流程可追溯。

（六）安全管理视角

安全管理视角从风险评估、监测预警、应急响应 3 个方面建设全面有效的工业互联网标识解析安全管理体系。

1. 综合性风险评估能力

对工业互联网标识解析终端、节点、协议、软件、组织机构、配套基础设施六大防护对象进行识别与评估，在架构、协议、身份、数据、运营、应用 6 个层面分析其脆弱性与威胁及控制措施，分析脆弱性在相关环境下被威胁和利用的可能性，以及利用后造成的影响，综合评估风险等级。

2. 动态的监测预警能力

综合运用态势感知、威胁情报等技术手段，在关键解析节点部署安全态势监测与安全审计系统，重点针对物理环境、访问控制、运营人员、关键流程等风险点进行实时、动态监测，确保标识解析体系持续稳定运行。引入专项安全技术和服务，强化各解析节点服务对抗DDoS、缓存污染、标识劫持、标识解析重定向等攻击的能力。

3. 联动的应急响应机制

加强标识解析系统运行过程的安全监测和管理，完善重大网络安全事件触发响应机制，完善容灾和数据备份恢复机制。由于工业互联网标识解析体系涉及大量工业数据，一旦数据丢失或损坏将造成不可估量的损失，因此，应对数据进行多级保存、多点备份。可根据企业不同的业务类型与系统特点，对备份能力等级进行划分，依照等级的不同采取不同的备份策略与应对措施。同时，企业可制定适合自身的备份恢复策略，并对制定的策略进行有效性与实用性方面的验证。此外，还需要完善应急响应团队的人才储备，通过定期演练检验应急响应团队、计划、流程、机制的有效性和完备性，提高重大突发事件的多方协同应对能力。

五、工业互联网标识解析安全关键技术

针对工业互联网标识解析安全的现状及面临的风险，下面从安全建设、网络测量、监测审计、威胁检测、安全编排、云化安全、安全代理、国密融合、安全接入、访问控制，以及数据治理等多个方面总结工业互联网标识解析安全关键技术（见图 3-5），为工业互联网标识解析安全建设者与研究者提供参考。

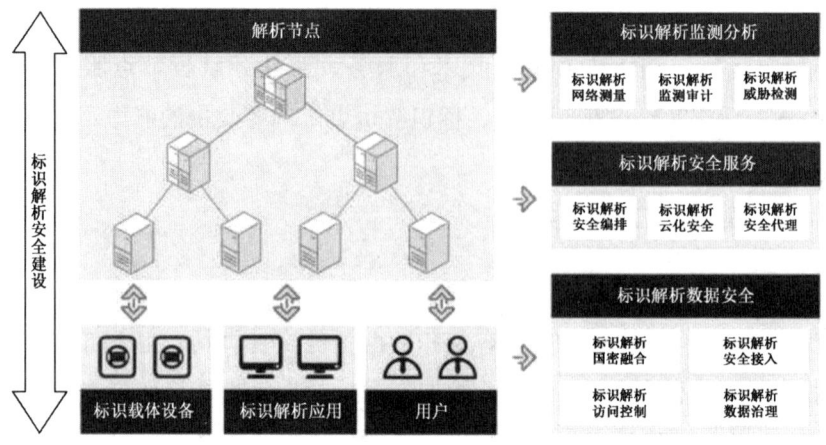

图 3-5　工业互联网标识解析安全关键技术

（一）标识解析安全建设

工业互联网标识解析建设过程中涉及的安全问题是构建工业互联网标识解析安全保障体系的基础，需要结合标识解析系统特性，规范化开发流程中的每一个环节，保证建设流程的安全。

标识解析服务具有应用需求差异性、安全服务多样性，以及多体系共存等特性。需要设计调度灵活、扩展性强、兼容性强的标识解析系统和安全服务框架。需要开发高可靠、低处理开销，以及多协议兼容的标识解析功能模块，以及体积小、安全性强、易于调度的安全服务模块。测试时需要充分考虑各种应用场景需求和业务需要，制定全面的测试评估方案。系统部署时要依据使用场景，综合使用软硬件部署方案和虚拟化部署方案。依据上述特征需求，建立标准化的安全开发流程。

安全开发流程保障安全建设。安全开发流程可通过规范的安全概要设计或方案设计、安全编码、安全测试、安全部署实现。在需求分析与设计阶段注意架构设计合理性、业务流程完整性，以及评估第三方软件安全风险；在开发阶段注意提供安全的函数，结合代码安全审计工具做好各模块审计工作，检查是否存在因设计缺陷导致攻击的可能，以及是否满足应用需求；在测试阶段注意结合自动化测试方法与手动测试方法在软件正式投入使用前对其进行深度测试，测试实现是否符合设计预期；在部署阶段注意安全策略配置的适用性，同时避免弱口令等基础安全问题。

（二）标识解析网络测量

网络测量是遵照一定方法和技术，利用软件和硬件工具来测试或验证表征网络性能指标的一系列活动的总和。工业互联网标识解析空间测量是了解工业互联网标识解析动态变化情况、获取其性能特征的重要手段，能够为建立准确的行为模型和评价标准提供依据，有助于对工业互联网标识解析实施科学管理和有效控制，提高标识解析的应用能力和安全性。

可以从不同角度对测量技术进行分类，测量对象包括网络的拓扑结构、逻辑拓扑关系或具有地理信息的拓扑，以及时延、吞吐量、丢包率等性能；测量方式包括单点测量与多点测量、主动测量与被动测量等。

利用测量到的拓扑数据构建标识解析网络全局视图，反映各级节点、终端设备的拓扑连接关系，确定不同种类服务的分布情况和运行状态。将性能测量结果映射到网络视图中，实时测量分析网络节点状态、链路负载问题、业务运行情况，进一步确定解析网络中的性能瓶颈、不稳定节点和潜在的安全风险位置，为业务行为分析和模型构建、标识解析系统状态管控、解析系统设计优化和动态调节，以及安全策略实时部署提供支撑。

（三）标识解析监测审计

标识解析监测审计包括辨别、分析、记录标识数据和标识流量中的安全问题。通过分析标识数据内容，结合人工与自动化方法对标识数据进行内容审查，分析其中是否存储不良信息和有害信息，对相关标识进行标记并追责。通过对上层交换机镜像的标识流量或标识解析节点服务器产生的业务流量进行采集，读取标识流量采集的数据包，解码生成固定格式的日志，对标识节点进行多维度业务指标监测并形成日志文件，分析流量、流量解码日志、监测日志中反映的系统活动、用户活动等各类操作行为及设备运行信息，发现系统中现有的和潜在的安全威胁，实时分析安全事件并告警。

（四）标识解析威胁检测

威胁检测是保障标识解析系统安全运行的核心技术，通过收集标识解析系统运行数据，采用多种异常检测和威胁感知方法，分析系统安全事件并进行上报处理。威胁检测流程包括威胁分析数据收集、异常数据检测和威胁事件提取。在数据收集方面，用于分析的数据包括解析流量数据、设备运行数据、用户行为数据等，通过网络数据采样、数据镜像获取、接口数据拉取等方式进行数据收集。在异常数据检测方面，威胁检测包括传统的数据分类分析和机器学习分析两种方法。传统的数据分类分析利用分类算法和聚类算法，依据确定的阈值标准，将正常数据和异常数据进行划分；机器学习分析使用贝叶斯分类、决策树等方法进行自动化的异常分类分析。在威胁事件提取方面，利用已有的异常分类信息，与已有的威胁特征库比对确定威胁事件，学习记录未匹配事件的特征。

（五）标识解析安全编排

标识解析安全编排是依据不同标识解析应用的需求，为不同的解析服务分派不同的安全策略，在保证安全策略适配的同时，不影响业务可用性及服务质量的安全技术。针对标识解析服务特性各异、安全需求多样、服务质量要求严格的特点，使用安全服务链编排技术，根据业务需求为不同标识解析服务编排不同的服务链。分析业务安全需求，构建安全服务需求模型；将安全策略进行分解，拆分成为安全服务元组件，并分析组件资源需求，将安全服务需求和服务元组件进行映射，形成安全服务链。结合网络状态感知结果和服务组件资源需求，将服务链映射到安全设备上，选取最优的传输路径，并利用虚拟化技术进行安全服务组件的动态部署和灵活调配，实现标识解析安全服务的按需编排、动态编排。

（六）标识解析云化安全

标识解析系统根据应用需求和服务需要，采用软硬件结合、云化混合部署等方案，将标识解析系统功能以服务的形式部署在云平台上，降低部署使用开销、提高服务扩展能力。解析数据上云后存在使用不透明、管理困难的问题和数据泄露风险，解析功能上云后存在隔离安全问题。利用云访问安全代理技术，对上云标识数据的使用进行全程跟踪，建立数据流动视图，检测数据使用情况。利用微服务隔离技术，对不同级别的标识解析功能进行安全隔离，避免数据泄露。实现标识解析云化部署的功能安全和数据安全。

（七）标识解析安全代理

标识解析系统在身份认证、传输加密等过程中需要使用大量密钥数据。针对动态业务场景、海量解析设备、多元异构环境，实现灵活、易部署、安全的密钥管理。利用云化密钥技术实现密码算法的运算，密钥通过管理互通协议与远端的硬件密钥管理系统交互，形成"软件+硬件"的组合模式，弥补纯硬件模式下的不足。通过云密钥管理技术实现了密钥的全生命周期管理，对于系统的传统化部署、云化部署，都能充分保证密钥的安全使用，且可以通过专用的代理加密技术，完成密钥的自动化备份与恢复，实现标识解析密钥的动态管控、安全管理。

（八）标识解析国密融合

标识解析系统中的数据需要采用合适的保护措施，在数据采集、传输和存储等过程中保障数据安全，避免数据窃取、篡改、丢失等安全风险。标识数据涉及大量工业核心数据，需要采用自主可控的安全方案。将国密算法深度融入数据采集设备、传输设备和存储设备的软件代码和硬件实现中，在数据产生的源头处对数据进行签名认证和加密，减少安全风险环节，有效保护解析数据。

数字签名技术可对传输数据与存储数据进行签名，以便通信双方、服务双方进行身份认证与数据完整性校验。数据加密技术可对传输数据与存储数据进行加密，防止数据泄露。标识解析安全建设方可根据使用场景的需要选择对称、公钥基础设施（Public Key Infrastructure，PKI）、标识密码（Identity-Based Cryptograph，IBC）等多种方案。应按照国家密码管理的有关规定使用和管理标识解析系统中的密码设施，并按规定生成、使用和管理密钥。

（九）标识解析安全接入

标识解析系统对于接入网络的设备与标识解析节点应该具有可信

的唯一标识，应对接入的设备与标识解析节点进行身份认证，保证合法接入和合法连接，对非法设备与标识解析节点的接入行为进行阻断与告警。安全芯片提供随机数生成、唯一 ID、密钥等相关的管理服务，可作为设备的信任根，支撑设备的安全接入。对接入对象进行身份认证，验证实体身份合法、消息可信，是实现安全接入的主要技术手段。

（1）基于安全芯片的主动标识载体。标识载体是指承载标识编码资源的标签，是标识技术应用的关键环节。主动标识载体能够主动与标识数据读写设备、标识解析服务节点、标识数据应用平台等发生通信交互。基于安全芯片的主动标识载体能够满足接入安全需求，首先，安全芯片有一定的计算能力和存储能力，能够提供安全存储环境、安全运行环境、密码算法计算、随机数生成、自身安全防护等方面的支持；其次，安全芯片可支撑工业互联网数据的可信采集，结合 5G、窄带物联网（Narrow Band Internet of Things，NB-IoT）等通信技术，利用其联网通信功能，能够主动向标识解析服务节点或标识数据应用平台等发起连接。此外，安全芯片支持密码算法防护，利用隐藏技术、掩码技术等手段，在原理和技术上保障密码算法的安全性。另外，在安全芯片中存储工业互联网标识、密钥等关键信息，运用安全芯片内的片内操作系统（Chip Operating System，COS）对关键信息进行严格的管理，结合适当的监管和密钥分发机制，能够防御外部攻击，保证访问者的合法性，以及数据的保密性、不可抵赖性和不可篡改性，也可应对标识被随意读取、复制、盗用等威胁。

（2）身份认证。通信双方的身份认证及基于身份的消息加密能够有效保障通信安全，防止身份被伪造、数据被篡改、隐私被泄露。通过基于口令的认证、基于生物特征的认证、基于 PKI 体系的数字证书、基于 IBC 的认证等方案及实体认证技术能够建立标识解析服务提供方与使用方之间、标识解析同级/跨级节点之间、标识解析终端设备与管理平台之间的信任。基于实体身份进行消息认证，能够保障标识解析请求与响应过程消息的完整性与可靠性。

（十）标识解析访问控制

访问控制是保障工业互联网标识解析不同角色安全访问标识数据的关键技术，一方面，标识解析访问控制需要具备动态性、粒度可调节、灵活性等特点；另一方面，标识解析访问控制需要具备应对大规模高并发访问请求的服务能力，以及抗拒绝服务攻击能力。根据不同标识解析业务需求，选择基于访问控制列表（Access Control Lists，ACL）、角色、属性、规则、业务场景、信任等要素的访问控制技术及集成访问控制技术可实现灵活的标识解析访问控制，通过负载均衡技术、拒绝服务攻击防护技术可应对大量甚至过量的访问请求。

（十一）标识解析数据治理

数据治理是组织中涉及数据使用的一整套管理行为，是对数据资产管理行使权力和控制的活动集合。标识管理是工业互联网标识解析数据治理的核心内容，可从异构标识、可循环标识、关联标识、标识数据智能分析、对等解析等方面研究标识管理方案。隐私保护是工业互联网标识解析数据治理全过程的安全要求，可以在标识编码、发布、存储、分析、使用等过程结合隐私保护方案。

工业互联网标识解析标识管理技术包括统一标识有效性管理技术、异构数据标识技术、可循环标识管理技术、映射与关联信息收集技术、标识数据智能分析技术、对等解析技术等。

标识数据隐私保护技术包括标识编码隐私保护技术、数据发布隐私保护技术、数据存储隐私保护技术、数据分析挖掘隐私保护技术、数据使用隐私保护技术。标识编码隐私保护方案主要有两种，一是层级式的结构化标识编码方案，该方案有利于实现标识编码的分级查询和安全管理；二是扁平化的随机数形式的标识编码方案，该方案具有去中心化特性，在网络攻击和防御方面具有良好的表现。数据发布隐私保护技术包括泛化技术、k-匿名模型及 k-匿名改进模型。数据存储隐私保护技术包括基于同态加密的隐私存储、多级索引技术、安全多方计算技术等。数据分析挖掘隐私保护技术包括抑制技术、假名化技术、随机化技术、差分隐私模型等。数据使用隐私保护技术包括基于角色控制和属性控制确保数据访问的风险控制。

六、工业互联网标识解析安全的发展展望

工业互联网标识解析处于快速发展过程中，随着标识解析体系的快速落地与融合应用，其安全发展越发得到工业界与学术界的重视。本章提出的工业互联网标识解析安全框架可为我国工业互联网标识解析安全研究、安全建设，以及安全应用提供一定参考。当前相关政策与管理机制还未配套完备，其安全防护技术及产品也正处于研究与落地的初步阶段。立足我国工业互联网标识解析发展和安全现状，从规范安全管理机制、提升安全评估能力、建设安全监测体系、激发安全防护技术创新、促进产业协同发展等方面入手，着力推动标识解析安全保障能力建设，要加强以下工作。

（一）在安全运营、顶层设计、政策指导、标准引领等方面建立健全工业互联网标识解析安全管理机制

一是规范标识解析节点运营管理。对标识解析节点运营服务相关

机构制定相应的管理办法，规范标识解析各级节点的建设、接入和运营管理。工业和信息化部于 2020 年 12 月发布《工业互联网标识管理办法》，对提供工业互联网标识服务的机构做了基本规范。

二是统筹建立标识资源管理与协调机制。完善标识注册备案机制，加强标识解析的注册与服务机构的认证和管理，做好解析节点授权管理，规范标识资源使用，建立稳定的标识体系协作机制，稳步推进国际根节点、顶级节点、二级节点的互联互通。

三是完善政策制度与规范指导。制定并发布工业互联网标识解析安全相关的政策文件，面向各级解析节点提出安全保障技术要求及风险评估规范，指导各级节点做好安全防护工作。

四是加快标准研制。建立健全工业互联网标识解析安全标准体系，先行制定标识解析编码规范、标识解析互联互通要求、标识解析隐私保护、标识解析接入安全、标识解析运营安全等相关标准，加快标识解析安全管理、安全防护、安全评估等标准的立项与制定。

（二）从完整性、健壮性、服务质量等方面加快提升工业互联网标识解析安全评估能力

一是完整性评估。从数据完整性、协议完整性与系统完整性等角度开展标识解析完整性评估，确保标识数据与解析数据在通信过程中的真实性、不可否认性。

二是健壮性评估。立足基础设施与架构安全、系统运维安全、容灾恢复和安全管理制度 4 个方面，开展标识解析健壮性评估，确保系统出现安全事件时的恢复能力。

三是服务质量评估。从标识解析安全认证能力、安全监测能力、系统安全防护能力、恶意代码检测能力、应急响应能力与容灾备份能

力等角度开展标识解析服务质量评估。

（三）着眼统一整体与各层细节等角度建设工业互联网标识解析安全风险监测体系

一是加强标识解析各节点安全监测与防护能力。在关键解析节点部署安全态势监测与安全审计系统，实时、动态监测标识解析系统运行安全状态，加强各解析节点服务抗DDoS、缓存污染、标识劫持、标识解析重定向等攻击的能力。

二是建设体系化的标识解析安全监测平台。通过统一监测平台协同收集各层次的安全风险监测数据，通过体系化的监测手段挖掘潜在的安全风险，通过关联的流量数据分析安全事件。促进各标识解析基础设施和安全平台的数据及响应形成联动，提升风险监测能力与安全响应能力。

（四）着力于在安全技术新应用和新技术赋能标识解析安全、标识解析助力工业互联网安全等方向推进工业互联网标识解析安全技术创新

一是集合多种方案加强标识解析网络通信安全。可使用TLS1.3（安全传输层协议）等技术对标识解析流量进行加密，或使用隧道协议封装标识解析流量，抵御网络传输过程中的中间人攻击等威胁，防止数据泄露。

二是充分利用密码技术加固标识解析安全。使用符合国家密码管理规定的密码算法和产品对标识解析的开放式协议架构进行加固改造，加强对工业互联网标识解析服务节点的规模化跨域认证和标识数据、

服务的信息保护。逐级建立认证体系，支持工业互联网标识解析身份管理、访问管理，以及节点批量接入认证能力，构建从根节点自上而下的完整信任链。

三是应用安全技术加强标识数据安全治理。建立工业互联网标识数据的可信环境，加强对标识数据的隐私保护、标识的源认证、标识的可查询性、标识数据的完整性校验，具备对标识解析请求端的基于身份、属性等方式的细粒度访问控制等能力，强化对工业互联网标识数据的使用和管理。

四是结合新技术优势建设标识解析。可利用区块链技术实现工业互联网标识解析数据的可信共享与应用，解决传统标识解析架构单点故障、权力不对等的问题，支撑可信的对等解析；可利用人工智能技术助力安全检测、支撑威胁感知、支持应急响应、辅助分析决策，以及赋能威胁分析，提高标识解析的安全水平；可利用国产安全芯片从源头上解决工业互联网的信任问题；可基于可信计算构建主动免疫的防护体系。

五是通过标识解析助力工业互联网安全。可利用标识构建工业互联网标识密码体系，支撑标识密码、无证书密码等技术的应用；可利用标识保障工业数据采集安全，实现基于标识的身份加密、数据加密、访问控制；可利用标识提升工业互联网边缘设备接入安全，实现基于标识的边缘对象接入认证与综合管控；可利用标识助力工业互联网资源的安全治理，基于标识实现资产识别、可信接入、数据安全操作与确权共享等环节的安全治理；可利用标识解析流量进行工业互联网恶意行为检测，从标识解析流量中发现攻击行为与恶意程序；可利用标识数据实现攻击溯源，将网络行为关联信息存储到标识数据中，可作为攻击者身份追溯的凭证，助力关联行为分析，从而支撑恶意行为溯源。

（五）从人才培养、产业链协同、生态创新等方面促进工业互联网标识解析安全产业创新发展

一是培养复合型安全人才队伍。结合政府、科研单位、高校、企业等各方力量，整合国内外优势资源，培养标识解析安全、工业互联网安全、网络空间安全等多领域交叉人才，培养具有工业互联网安全领域应用能力的高水平人才队伍，为推动产业发展提供鲜活能量。

二是激发安全产业链新动力。促进标识解析安全技术及产品在工业互联网领域的推广和应用，为具有自主知识产权的安全标识载体、安全服务平台等提供应用支持，加强跨域、跨界企业交流合作，促进产业链协同创新。

三是促进安全生态新模式。充分发挥我国工业互联网标识解析建设的领先优势，加速战略布局，整合相关行业资源，探索并完善建设工业互联网标识解析体系、加固工业互联网标识解析安全体系架构、赋能工业互联网安全保障能力建设的发展思路，打造标识数据、标识载体、标识解析节点、标识解析系统赋能工业互联网安全的应用生态新模式，助力基于标识解析体系的工业互联网安全能力建设。

第四章
工业互联网边缘计算安全

一、工业互联网边缘计算概述

（一）工业互联网边缘计算的概念与内涵

工业互联网边缘计算是一种将部分数据处理和数据存储放置在工业互联网边缘节点的分布式计算方式，其通过融合工业互联网边缘侧的计算、通信和存储能力，就近提供边缘智能服务，并可通过云边协同机制为工业互联网平台提供数据支撑，从而实现工业互联网泛在互联、实时业务、可靠服务、数据优化、边缘应用智能、安全和隐私保护等多方面的应用需求。工业互联网边缘计算架构如图4-1所示。

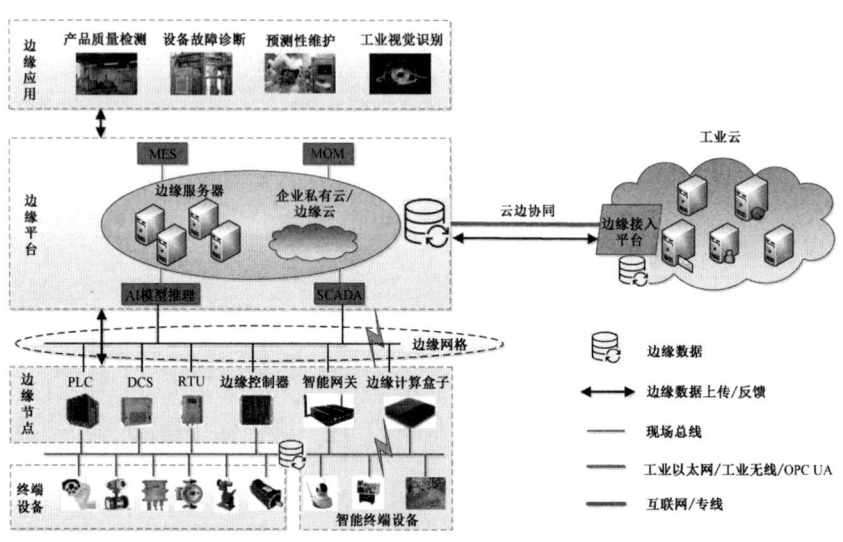

图4-1　工业互联网边缘计算架构

工业互联网边缘计算架构主要包括以下内容。

（1）终端设备。终端设备主要包括可实现工业现场数据采集的各种传感器和仪器仪表、可执行工业控制命令的执行器和伺服电机等，终端设备可通过工业现场总线、实时以太网等通信协议与边缘节点连接，实现数据、控制命令等内容的传输。

（2）边缘节点。边缘节点主要包括具有边缘算力的智能终端设备、工业控制设备、边缘控制器、智能网关、边缘计算盒子等，通常部署在工业现场，实现智能感知、工业控制、实时数据处理和实时决策。其中，智能终端设备包括搭载边缘算力的智能摄像头、智能机器人、智能 AGV 小车等；工业控制设备包括可编程逻辑控制器（Programmable Logic Controller，PLC）、分散控制系统（Distributed Control System，DCS）、远程终端单元（Remote Terminal Unit，RTU）等，它们执行工业控制规则和逻辑，实现对底层终端设备的控制；边缘控制器既具有边缘计算能力，也具有实时工业控制能力；智能网关兼具通用网关的数据转发功能和边缘侧数据处理功能；边缘计算盒子是专门用于执行边缘计算任务的算力设备。边缘节点作为边缘侧的算力硬件载体，为边缘侧的实时数据处理、AI 模型推理、实时工业控制、应用部署等提供计算能力。

（3）边缘网络。边缘网络指在网络边缘侧负责连接各种工业设备、工业系统、工业数据，并将其接入工业互联网边缘平台的通信技术和协议。主要协议包括现场总线、工业以太网、时延敏感网络（Time Sensitive Networking，TSN）、OPC UA、5G、WiFi、NB-IoT、LoRa、MQTT 等。

（4）边缘平台。边缘平台通常部署在企业私有云、边缘云、边缘服务器等边缘基础设施上，主要负责管理边缘侧的各种资源并提供边缘侧的基础平台能力。边缘资源管理主要针对边缘节点资源、边缘计算资源、边缘网络资源和边缘存储资源进行调度和协同，最大化资源的使用；边缘基础能力主要包括业务编排、统一服务接口 API 的定义和封装、轻量级容器和微服务组件等基础核心能力，支撑工业边缘智能应用和服务的开发和部署。

（5）边缘应用。利用边缘侧的基础设施和边缘平台提供的基础能力，可以开发和部署各种边缘侧的工业应用和工业服务，包括产品质量检测、设备故障诊断、预测性维护、工业视觉识别等。

（6）边缘接入平台。边缘接入平台位于云端，主要实现工业云平台对边缘平台基础设施、边缘设备等资源的管理，提供将工业云上的应用和服务延伸到边缘的能力，实现边缘和云端的数据和能力的协同，提供完整的边缘和工业云平台一体化协同服务能力。

（7）边缘数据。边缘数据是在工业互联网的生产制造、运行服务等环节边缘侧产生的机器数据、配置数据、决策数据、状态数据、模型数据等原始数据或衍生数据。这些数据呈现结构化、半结构化、非结构化等多种格式，具有分布广泛、数量巨大、时序性强等特点。

（二）工业互联网边缘计算的研究现状

当前，相较于边缘计算技术在其他领域的应用，其在工业互联网上的应用还处于起步阶段。

1. 国外研究现状

国外在工业互联网边缘计算方面的研究起步较早、发展较快，国外工业互联网边缘计算发展现状概览如图4-2所示。

在标准研制方面，2015年9月，欧洲电信标准化协会（European Telecommunications Standards Institute，ETSI）发布了《移动边缘计算白皮书》（Mobile-Edge Computing-Introductory Technical White Paper），该白皮书提出了移动边缘计算的顶层架构设计，同时还介绍了与其他工业技术之间的接口关系。

第四章 工业互联网边缘计算安全 \ 105

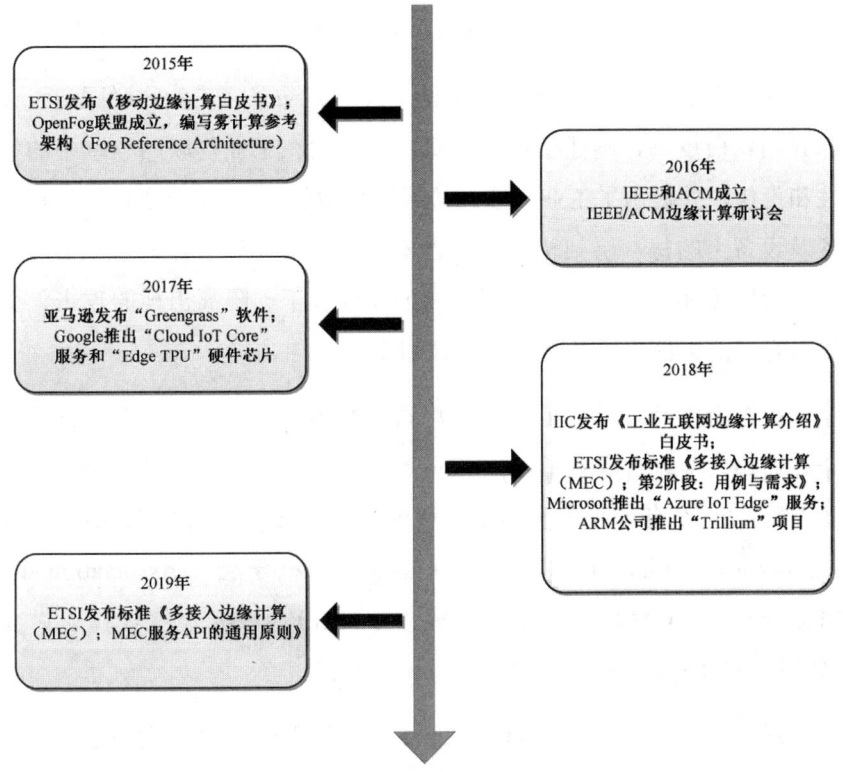

图 4-2 国外工业互联网边缘计算发展现状概览

此后，ETSI 又发布了《多接入边缘计算（MEC）；第 2 阶段：用例与需求》(*Multi-access Edge Computing (MEC); Phase 2: Use Cases and Requirements*) 和《多接入边缘计算（MEC）；MEC 服务 API 的通用原则》(*Multi-access Edge Computing (MEC); General principles for MEC Service APIs*) 等多项 MEC 的相关标准，致力于更好地满足边缘计算的应用需求和相关标准制定。第三代合作伙伴计划（3rd Generation Partnership Progect，3GPP）也将边缘计算列为未来 5G 时代的关键技术，并且在 3GPP 系统化架构的标准化进程中，将边缘计算的需求作为重要设计因素。此外，3GPP 还将未来基于控制面和用户面分离的 5G 服务化架构写入标准，并给出针对边缘计算的流量疏导方案和业务连续性方案。由于 3GPP 的标准化工作主要针对网络架构，因此更加注重边缘计算平台和网络架构设计相关内容,对于具体的业务场景则未作出规定。

2018年,美国工业互联网联盟(IIC)发布了《工业物联网边缘计算介绍》白皮书,阐述了边缘计算技术应用在工业物联网领域中的特性和价值,并提出了工业物联网边缘计算中的5条安全事项,包括设备及设备上的每一层架构都应内含安全要素、计算节点和通信节点应被妥善监测和管理、及时应用最新的安全补丁、隔离出现的攻击、受攻击影响的组件必须及时获得处理和恢复。

在组织建设方面,2015年,思科、ARM、戴尔、英特尔、微软和普林斯顿大学联合成立了OpenFog联盟,主要致力于雾计算参考架构的编写;2016年,电气和电子工程师协会(Institute of Electrical and Electronics Engineers,IEEE)和国际计算机学会(Association for Machinery,ACM)共同发起并成立了IEEE/ACM边缘计算研讨会(IEEE/ACM Symposium on Edge Computing)。

在产业应用方面,亚马逊(Amazon)公司于2017年发布了支持边缘端机器学习的"Greengrass"软件;谷歌(Google)公司于2017年推出了管理边缘设备的"Cloud IoT Core"服务和运行在边缘端的"Edge TPU"硬件芯片,提升边缘设备的数据处理能力;微软(Microsoft)公司于2018年推出了边缘计算服务"Azure IoT Edge",将云分析和自定义业务逻辑下移到设备端;ARM公司于2018年推出"Trillium"项目,可以在边缘设备上运行机器学习算法。

2. 国内研究现状

2016年以后,我国逐步在工业互联网边缘计算领域开展研究工作。国内工业互联网边缘计算发展现状概览如表4-1所示。

表 4-1　国内工业互联网边缘计算发展现状概览

范围	时间	重要事件
政策	2017 年 11 月	《国务院关于深化"互联网+先进制造业"发展工业互联网的指导意见》发布
	2018 年 6 月	工业和信息化部发布《工业互联网发展行动计划（2018—2020 年）》
标准	2019 年 11 月	《边缘计算安全白皮书》发布
	2020 年 5 月	《工业互联网边缘计算总体架构与要求》等 7 项边缘计算联盟标准获得立项
	2020 年 8 月	《信息安全技术 边缘计算安全技术要求》在全国信息安全标准化技术委员会立项
组织	2016 年 11 月	边缘计算产业联盟（Edge Computing Consortium，ECC）成立
	2017 年 10 月	首届中国自动化学会边缘计算专业委员会会议在沈阳举行
技术	2017 年	中国科学院沈阳自动化研究所开展"工业互联网应用协议及数据互认标准研究与实验验证"项目研究
	2018 年	在工业和信息化部工业互联网创新发展工程系列项目中专门设立了"工业互联网边缘计算基础标准和试验验证"等 8 个研究项目
	2018 年	科技部国家重点研发计划"网络协同制造和智能工厂"重点专项专门针对工业互联网边缘计算设置了"工业互联网边缘计算节点设计方法与技术"等多个项目
产业	2017 年	华为发布边缘计算解决方案"EC-IoT"
	2018 年 3 月	阿里巴巴发布物联网边缘计算产品"Link Edge"
	2018 年	百度公司发布边缘计算智能解决方案"IoT Intelligence Edge"
	2018 年 10 月	中国移动成立"边缘计算开放计算实验室"

在政策指导方面，2017 年 11 月，《国务院关于深化"互联网+先进制造业"发展工业互联网的指导意见》发布，这是我国针对工业互联网发展的首个规范性意见，指明了未来发展先进制造业的方向。2018 年 6 月，工业和信息化部发布了《工业互联网发展行动计划（2018—2020 年）》，文件明确指出，要开展工业互联网关键核心技术研发和产品研制，推进边缘计算、深度学习、区块链等新兴前沿技术在工业互联网中的应用研究。

在标准研制方面，2019 年 11 月，边缘计算产业联盟发布了《边缘计算安全白皮书》，其目的是识别、解释和定位与边缘安全相关的体系结构、设计和技术，并提出了边缘安全的参考框架和确保处理相应安全问题的方法组合。2020 年 5 月，《工业互联网边缘计算总体架构与要求》等 7 项边缘计算联盟标准获得立项，8 月，国家标准《信息安全技术 边缘计算安全技术要求》在全国信息安全标准化技术委员会立项。

在组织建设方面，2016 年 11 月，由中国科学院沈阳自动化研究所、华为技术有限公司等单位联合倡议成立了边缘计算产业联盟（Edge Computing Consortium，ECC）；中国自动化学会成立了边缘计算专业委员会，并于 2017 年 10 月举行了首届中国自动化学会边缘计算专业委员会会议。

在技术研究方面，2017 年，中国科学院沈阳自动化研究所开展"工业互联网应用协议及数据互认标准研究与实验验证"项目研究，对工业互联网智能制造边缘计算标准的制定进行了探索；2018 年，工业和信息化部针对工业互联网边缘计算专门设立了"工业互联网边缘计算基础标准和试验验证"等 8 个研究项目，通过软硬件等方式对边缘计算架构技术标准的可行性与科学性进行试验验证；2018 年，科技部国家重点研发计划"网络协同制造和智能工厂"重点专项专门针对工业互联网边缘计算设置了"工业互联网边缘计算节点设计方法与技术"等多个项目，主要研究在工业互联网场景中实现边缘计算技术时各环节的关键技术。

在产业应用方面，2017 年，华为发布边缘计算解决方案"EC-IoT"，通过结合边缘计算技术和 PLC 技术为电力、交通等行业边缘智能数据处理需求提供服务；2018 年 3 月，阿里巴巴发布物联网边缘计算产品"Link Edge"，该产品是一种可以在设备上实现本地计算、消息通信、数据缓存等功能的软件，使设备具备存储、计算、智能等能力；2018 年，百度公司发布边缘计算智能解决方案"IoT Intelligence Edge"，通过在设备上安装智能边缘核心软件，将云计算的能力赋予本地；2018 年 10 月，中国移动成立"边缘计算开放计算实验室"，百度、腾讯、阿里巴巴、华为、中兴等多家合作商共同参与，研究边缘计算产业生态的构建和协同发展。

（三）边缘计算助力工业互联网发展

近年来，边缘计算的市场规模逐渐扩大，据 Grand View Research 的最新报告显示，到 2027 年，全球边缘计算市场规模预计将达到 154 亿美元，预测期内复合年增长率为 38.6%。边缘计算通过将 ICT 基础设施"下沉"，为工业企业在边缘侧处理数据提供了计算能力，有力地推动了工业互联网的发展。

一是边缘计算能够实现工业互联网设备、协议、数据的互联互通。工业设备的连接是操作技术（Operation Technology，OT）和信息技术（Information Technology，IT）融合的基础。目前企业内网主要存在现场总线、工业以太网、时延敏感网络等多种连接方式，工业设备来自不同供应商，且通信协议、接口互不兼容，导致不同的设备无法互联，设备中的工业数据无法有效采集、使用、共享，从而数据价值难以充分释放，预测性维护分析、整体设备利用率分析等面临困难。边缘计算节点通过部署协议转换功能模块，实现通信协议相互转换、异构设备互联互通。

二是边缘计算能够保证工业互联网的实时性和可靠性。相较于传统互联网，工业互联网由于涉及 OT 网络和实时控制，对系统的时延敏感度较传统互联网要高得多，工业生产线上的工业传感器、机器人、工业 AR/VR，都需要毫秒或百纳秒级的实时响应。然而，复杂的工业现场网络环境及广域网数据传输过程存在的链接和路由不稳定等问题造成的延迟过高、抖动过强等会严重影响工业互联网服务的实时响应能力。边缘计算节点可部署在工业生产现场，通过提供不受网络传输带宽和负载影响的"现场级"计算能力，避免断网、时延过大等因素对实时性工业生产造成影响。

三是边缘计算能够缓解云中心的带宽压力。近年来，接入工业互联网的终端设备日益增多。高档数控机床等工业生产设备、传感器等工业现场数据采集设备、PLC 等控制设备产生了大量原始及衍生工业数据。随着万物互联趋势的不断加深，工业数据的增长速度远远超过了网络带宽的增速，工业互联网平台面临巨大的数据处理、存储压力。边缘计算通过在本地缓存、过滤和处理数据，能够有效缓解工业互联网平台的带宽压力。

四是边缘计算能够降低企业生产成本。目前，中小企业一般倾向于使用公有的中心云方式和私有的边缘云方式处理工业数据。使用公有的中心云方式，企业的数据容易在未授权的情况下被第三方使用，存在巨大的风险成本；而使用私有的边缘云方式，可以减少或避免企业部署大型服务器带来的巨大能耗和运营成本。边缘计算在工业现场通过将异构设备互联互通，释放了大量数据，为引入大数据和机器学习等先进分析算法提供了充足的来源。搭载这些分析算法的智慧边缘节点可以有效地提高生产效率，降低人工成本。

二、工业互联网边缘计算安全的风险与挑战

（一）工业互联网边缘计算面临的典型风险

边缘计算在助力工业互联网发展的同时，也带来了新的安全问题，安全地用好这把"双刃剑"迫在眉睫。工业互联网边缘计算中的安全

保护对象包括工业边缘应用、工业边缘平台、工业边缘网络、工业边缘节点、工业边缘数据和边缘接入平台。其面临的安全风险有以下 6 点。

1. 工业边缘应用安全

工业边缘应用部署各类专业化工业软件，主要围绕设备管理、研发设计、运营管理、生产执行、产品全生命周期管理、供应链协同等工业应用场景，提供传统云化工业软件和新型轻量化工业应用及服务。工业边缘应用以工业 App 服务的方式提供给用户，主要部署在靠近工业现场的边缘侧，由于边缘侧设备计算资源及存储资源有限，且工业领域的可用性及可靠性要求更高，因此难以为工业边缘应用部署高复杂的安全算法及安全防护设备，导致工业边缘应用面临着单一凭证身份鉴别、边缘用户、访问控制、应用行为、应用监测与审计、应用资源控制、补丁、测试、开发、边缘管理等措施不足的安全风险，极易被当作跳板攻入边缘服务器等核心基础设施中，从而引发重大损失。其主要面临以下风险。

（1）单一凭证身份鉴别安全风险。如单鉴别技术破解攻击。

（2）边缘用户安全风险。如用户信息泄露。

（3）访问控制安全风险。如未授权访问、越权访问、未经系统运营方许可的情况下对外传输数据。

（4）应用行为安全风险。如误操作、根指令删除等。

（5）应用监测与审计风险。如难以实时识别封闭的工业应用和协议，难以及时发现应用的篡改和入侵等。

（6）应用资源控制安全风险。如由于资源不合理利用而引发的各种攻击。

（7）补丁安全风险。如虚假补丁、不可靠补丁等。

（8）测试安全风险。如源代码泄露、错误和异常处理等。

（9）开发安全风险。如代码漏洞、恶意后门、API 误调用、恶意入侵等。

（10）边缘管理风险。如访问控制不严、管理接口破坏、资源配置不当和管理人员恶意操作等。

2. 工业边缘平台安全

工业边缘平台提供边缘资源管理能力和边缘基础能力。工业边缘平台集成了大量的边缘侧生产控制数据等重要数据，同时对部分边缘节点具有调度功能，工业边缘平台一旦遭到攻击或渗透，将导致重要数据泄露、生产失控等安全问题。其主要面临以下风险。

（1）物理安全风险。相对于核心设施，对于部署边缘平台的边缘服务器的物理防护相对薄弱，容易导致物理损坏等风险。

（2）服务操纵风险。边缘服务器通过在特定地理区域部署边缘数据中心来提供虚拟化服务和各种管理服务，攻击者可获得足够的控制权限，并滥用合法管理员的特权来操纵服务。

（3）接口安全风险。如底层风险可通过非安全接口渗透至边缘平台。

（4）边界隔离安全风险。包括逻辑隔离安全风险及物理隔离安全风险等。其中，边缘平台面临自然灾害、人为破坏、窃听攻击等安全风险，边缘平台上的特定应用或数据存在被非法调用和访问的风险。

（5）边缘分析安全风险。边缘设备在实际运行中会产生大量实时动态数据，为攻击者提供了数据关联性分析、整合分析和隐私挖掘的可能性。

（6）容器安全风险。包括虚拟机操纵、虚拟镜像泄露等。其中，虚拟机软件自身安全漏洞会导致虚拟机逃逸风险，引发虚拟机之间、容器之间的非授权访问。

（7）微服务组件安全风险。包括微服务组件自身漏洞导致的安全事故、微服务组件不够健壮导致的服务失败或服务质量下降、微服务组件内部使用人员的恶意破坏导致的安全风险等。

（8）业务数据泄露。包括内部人员未遵从安全策略导致数据泄露的风险、内部人员主动泄露的风险、外部目标性攻击导致数据泄露的风险等。

（9）边缘协同安全风险。如因边缘节点的自私行为导致服务失败、服务质量下降。随着网卡可编程能力的提高，自私节点可以通过控制竞争窗口大小的方式进行作弊，使自己获得更多的带宽。

3. 工业边缘网络安全

工业边缘网络涉及蜂窝网络（GSM、4G、5G）、工业以太网（Modbus TCP/IP、Profinet、EtherNET/IP、EtherCAT、PowerLink、SERCO SIII）、低功耗网络协议（WiFi、BLE、Zigbee、LoRa、NB-LoT）、OPC UA 协议等多种网络通信协议，各协议安全性不一，增加了网络防护难度，此外，工业网络基础设施的多样性也导致网络安全防护困难。工业边缘网络主要面临以下风险。

（1）5G 环境下的安全风险。5G 采用公钥加密的方式接入认证，LTE 接入到 5G 网络将带来隐私泄露的风险。此外，由于边缘计算设备的计算能力较弱，而联网通信具有超高可靠性、低时延特性，如果采用单独认证的方式，可能会引发终端信令请求无法得到响应。

（2）通信协议漏洞风险。如 Modbus、Profinet、Zigbee 等工业协议频繁爆出漏洞，极易被黑客利用，从而引发脆弱性攻击。

（3）网络基础设施安全风险。边缘计算物联网终端设备大量使用 GSM/GPRS 物联网卡，由于 GSM 只能认证移动端的合法性，且移动端无法甄别基站的真伪，移动端用户接入伪基站后，数据信息可被伪基站截获。

（4）边界安全风险。边缘设备通过各种协议采集数据、接入网关，当前常用的有 LoRa、NB-IoT。其中 LoRa 是非授权组网，NB-IoT 则需要运营商授权。我国有诸多设备采用了 LoRa 协议，由于 LoRa 具有非授权组网特性，面临报文伪造、恶意拥塞、身份伪造等安全风险。

4. 工业边缘节点安全

部署在工业现场的工业边缘节点承担着工业现场的数据采集、控制反馈、算力承载等任务。其面临的安全风险主要包括边缘设备自身安全风险和边缘设备衍生安全风险两大类，其中，自身安全风险主要包括设备物理安全风险、操作系统安全风险、设备非法接入风险、边缘设备数据安全风险、边缘设备衍生安全风险等。

（1）设备物理安全风险。首先，部署在工业现场的缺乏物理安全控制的边缘设备可能被盗窃或破坏。其次，若边缘设备的物理接口直接暴露在设备外部，没有做安全防护，则易导致非法访问。

（2）操作系统安全风险。首先，边缘算力设备可能采用通用的嵌入式 Linux、Windows、Android 等操作系统，而相关边缘设备操作系统可能存在系统漏洞、过期的组件、不恰当的配置，以及不安全的更新等安全问题。一旦操作系统自身漏洞被攻击者利用，将导致大规模网络攻击等安全事件发生。其次，边缘设备应用层依赖的组件若更新不及时，组件本身的漏洞也可能被利用，从而使操作系统遭到攻击。再次，操作系统安全配置可能存在长期不更新、不核查等问题，不恰当的系统配置也可能使操作系统被攻击。最后，操作系统在更新过程中，更新包等应当经过验证，未经验证的非官方更新包可能是被篡改过的，其中可能存在漏洞或恶意软件。

（3）设备非法接入风险。为了集成或支持新的 IT 能力，工业现场的边缘设备与外界的隔离大大减少，甚至具备了远程访问的能力。然而工业现场的边缘设备可能使用了默认密码、弱密码，或采用了容易被绕过的认证机制，或未采用任何访问认证机制。此外，边缘设备的固件中可能保留了调试测试接口等，而没有采用合适的安全保护措施，上述这些因素均可能导致攻击者远程非法接入边缘设备。

（4）边缘设备数据安全风险。边缘设备上的数据在存储、传输等环节存在涉及用户隐私或系统安全的敏感数据泄露、未授权读取或篡改等风险。此外，边缘设备与云端或移动应用端通信时，若控制指令或采集的数据未经加密，则攻击者可能通过监听的方式获取敏感数据。

（5）边缘设备衍生安全风险。工业现场边缘设备安全存在许多区别于传统 IT 系统的安全风险，其中一个重要的区别体现在边缘设备的衍生安全风险上。边缘设备衍生安全指边缘设备因自身脆弱性而导致的其他领域安全。工业现场边缘设备可能带来对生命安全或健康产生威胁的风险，甚至可能对环境产生严重的破坏，造成生产损失，从而对企业经济乃至国家经济带来严重影响。

5. 工业边缘数据安全

工业边缘数据安全的问题贯穿整个工业系统，是创建安全边缘计算环境的基础，其根本目的在于保障数据的可用性、保密性和完整性。其主要面临以下风险。

（1）隐私泄露风险。在边缘计算网络中，数据隐私保护算法通常在资源受限的工业终端设备上失效，从而引发如工况状态泄露等风险。

（2）工业数据被盗风险。对于黑客惯用的设备身份伪造、OTA 固件劫持、设备重放攻击、口令破解、固件逆向、设备控制、资源消耗等攻击手段，没有针对性的防护策略，从而导致工业数据被盗。

（3）工业数据因泄露和仿冒攻击导致的数据保密性风险。边缘设备作为数据的第一入口，用于采集大量实时高价值数据，但其安全功能有限，使得工业互联网数据易被泄露给未获授权的人，例如防范仿冒攻击易引发重要生产数据泄露等安全风险。

（4）数据传输安全风险。由于边缘数据的存储是动态变化的，传统的数据完整性校验方法并不能完全适用于边缘计算环境，造成传输数据被劫持、完整性被破坏等传输安全风险。此外，如果边缘设备的数据上报没有采用加密链路，也会引起数据在传输中的数据泄露风险。

（5）数据使用安全风险。边缘数据中心在数据使用过程中，因内外部安全风险会导致数据越权使用、源数据污染、敏感数据泄露等数据使用安全风险。边缘数据中心自身的安全性也会引发数据泄露等数据安全风险。

（6）工业设备内存泄露风险。在工业边缘计算场景下，边缘节点远离云中心的管理，被恶意入侵的可能性大大增加，而且边缘节点更倾向于使用轻量级容器技术，但容器共享底层操作系统，隔离性更差，安全威胁更严重。因此，仅靠软件来实现安全隔离很容易出现内存泄露或篡改等问题。

（7）APT攻击风险。APT攻击属于寄生形式的攻击，通过在边缘基础设施的目标基础设施中建立立足点，可以从中秘密地窃取数据，并能采取防备APT攻击的安全措施。

（8）外包安全风险。当将用户对数据的控制权交给边缘设备时，由于数据源在物理上不再拥有数据，部分需要本地数据的传统密码学算法失效。

（9）交换/共享安全风险。边缘节点处于不同的安全域中，不同信任域的节点数据交换共享易引发重要数据的泄露。

6. 工业边缘接入平台安全

工业边缘接入平台将云端能力下发到边缘节点，提供将工业云上应用延伸到边缘的能力,实现边缘和云端的数据和能力的协同。边缘接入平台主要面临边缘—云互联 API 调用安全、边缘—云数据传输安全、边缘节点的云端安全认证,以及边缘节点对云平台的安全影响等风险。

(1)边缘—云互联 API 调用安全风险。在边缘侧应用服务中,存在大量的 API 接口调用,如安防、车联网服务、智慧家居等。在第三方请求、调用 API 接口并提供服务时,存在注入、非法使用、越权、伪造身份和第三方软件自身的安全风险等多重安全问题。

(2)边缘—云数据传输安全风险。在当前边缘数据应用场景下,如果选择了不当的通信方式或选择了不安全的通信协议(如 ZigBee、蓝牙等),将存在数据侦听、篡改、伪造等安全风险。

(3)边缘节点的云端安全认证风险。在边缘设备接入云平台网络中时,存在非法设备接入、伪造传感节点、节点劫持等安全风险。

(4)边缘节点对云平台的安全影响。边缘智能终端可能面临物理设计的合理性、芯片的可靠性、智能软件的安全性(漏洞与缺陷)、运行机制的可靠性等自身安全因素,可能引发云—边缘通信时边缘数据泄露的风险。

(二)工业互联网边缘计算安全防护面临挑战

工业互联网边缘计算主要存在设备异构,边缘云、5G 等新型基础设施的引入,高实时性,高汇聚性,资源受限,现场环境恶劣,部署场景复杂,新的研发模式,人工智能对抗等特征。

(1)设备异构导致统一管理难。工业互联网中存在生产设备、感知设备、控制设备、边缘算力设备等多种设备,设备型号不一、协议多样,从而造成统一管理难度增加,安全风险相对传统网络更大。

（2）边缘云、5G等新型基础设施的引入导致边界消失和传统的防护手段失效。IT互联网网络中的安全风险被大量引入，造成安全能力不足的工业控制系统的攻击面加大。

（3）高实时性导致安全防护轻量化需求增加。边缘计算在靠近产生工业现场数据的地方进行数据处理，不需要通过网络请求云计算中心的响应，大大减少了系统延迟，增强了工业服务响应能力。但是，为了确保高实时性，往往难以部署高复杂的加密、认证等安全措施，因此轻量化需求增加，但目前轻量化算法市场化不足，部署应用困难。

（4）高汇聚性导致重要工业数据的保护难度增加。作为物理世界到数字世界的桥梁，边缘计算是数据的第一入口，汇聚大量原始数据，在进行数据价值创造的同时面临数据不确定性、多样性、关联分析泄露等挑战。

（5）资源受限导致安全性难保障。基于工业互联网对可靠性及可用性的严格需求，资源受限节点优先保障可靠性，安全能力有限。

（6）现场环境恶劣导致物理安全防护难度增加。边缘计算设备作为价值信息的运算节点和存储节点被放置在不同的工业环境中，如工厂、矿井等。一方面，不同的工业环境对边缘计算设备的防震、防水、防尘、防爆、防电磁、抗高低温、抗击打等环境适应性要求更高；另一方面，也使得边缘计算设备很容易遭到人为的物理篡改和攻击，一旦遭受破坏和盗取则可能造成严重后果。

（7）部署场景复杂导致运维安全难度增加。由于边缘计算设备部署场景的复杂性，各边缘节点均处于分散状态，边缘计算所需要的运维难度更高，对运维技术人员的能力及系统的健壮性、可视化、易管理、易维护等都提出了更高的要求。如果边缘设备和数据中心遭到破坏，系统的连续性和数据的可用性将受到影响。

（8）新的研发模式带来的安全风险。如敏捷、开发即运营、快速迭代分发部署等研发模式给追求稳定性、高效性和持续性的工业现场带来新的网络安全和功能安全的挑战。

（9）人工智能对抗的安全挑战。当人工智能场景在工业数字孪生、AR、VR、柔性制造等应用场景落地时，由于人工智能的不可解释性，在遭受人工智能安全对抗攻击时，给工业生产制造引入了不可控（逆）的安全风险。

三、工业互联网边缘计算安全防护

（一）国内外工业互联网边缘计算安全防护框架

1. 已有工业互联网框架

2015 年，德国电工电子与信息技术标准化委员会发布了工业 4.0 参考架构模型 RAMI4.0，该模型构建在 IEC 62264 和 IEC 62890 的基础上，分别从系统集成层级、物理信息系统活动层次、生命周期与价值流 3 个维度形成了整体框架。

2017 年，美国工业互联网联盟发布了工业互联网参考架构（Industrial Internet Reference Architecture，IIRA）。IIRA 参照 ISO/IEC 42010 标准，从商业、使用、功能、实现 4 个视角出发，探讨了功能安全、信息安全、弹性、互操作性、连接性、数据管理、高级数据分析、智能控制、动态组合九大系统特性。

2. 已有工业互联网安全框架

2016 年，美国工业互联网联盟发布工业互联网安全框架。该框架覆盖了整个工业互联网的安全策略模型,以数据防护为中心,涉及安全配置和管理、安全监测和分析、通信和连接保护、终端(含边缘侧设备和云)的保护等不同维度,并从功能视图和信息系统视图的角度进行了相关维度的关联描述。

3. 已有边缘计算安全参考框架

2019 年 11 月,中国科学院沈阳自动化研究所、国家工业信息安全发展研究中心等十余家单位联合发布了《边缘计算安全白皮书》,提出了国内首个边缘安全参考框架,覆盖了边缘安全类别、典型价值场景、边缘安全防护对象。其中,边缘安全防护对象覆盖边缘基础设施、边缘网络、边缘数据、边缘应用、边缘安全全生命周期管理,以及边云协同安全"5+1"个层次;统筹考虑了信息安全、功能安全、隐私、可信四大安全类别,以及需求特征;围绕工业边缘计算、企业与 IoT 边缘计算,以及电信运营商边缘计算三大典型的价值场景的特殊性,分析了其安全需求,支撑了典型价值场景下的安全防护能力建设。2021 年 10 月,由 TC260(全国信息安全标准化技术委员会)归口管理的《信息安全技术 边缘计算安全技术要求》获国标立项。2022 年,《边缘计算安全技术要求(征求意见稿)》发布,提出了边缘计算安全参考架构、相关方的安全责任、主要安全风险、安全防护范围,并分别提出了安全架构、基础设施、网络安全、应用安全、数据安全、安全运维、安全支撑、端边协同安全、云边协同安全等要求。

(二)工业互联网边缘计算安全参考框架

1. 基本思路

首先,结合工业互联网边缘计算架构,将工业互联网边缘计算安全保护对象分为边缘设备、边缘网络、边缘平台、边缘应用、边缘接入平台、边缘数据 6 个方面，并对这些安全保护对象的风险进行了分析。其次，针对工业互联网边缘计算安全保护对象存在的安全风险，分析了对应的安全防护措施。最后，将工业互联网边缘计算安全的相关责任主体分为边缘计算服务开发商、客户、边缘计算安全服务提供商、第三方评估机构 4 个安全角色，并对其须承担的安全职责进行了分析，形成了集安全保护对象、安全防护措施、安全角色于一体的三维立体的工业互联网边缘计算安全框架。该框架适用于在工业互联网中规划、建设、运行边缘计算服务的相关企业，也可为科研院所、高校等进行工业互联网边缘计算安全研究提供依据和参考。

2. 工业互联网边缘计算安全框架

工业互联网边缘计算安全框架是在工业互联网中部署应用边缘计算服务的基础。主要包括安全角色、安全防护对象、安全防护措施 3 个维度。工业互联网边缘计算安全框架如图 4-3 所示。

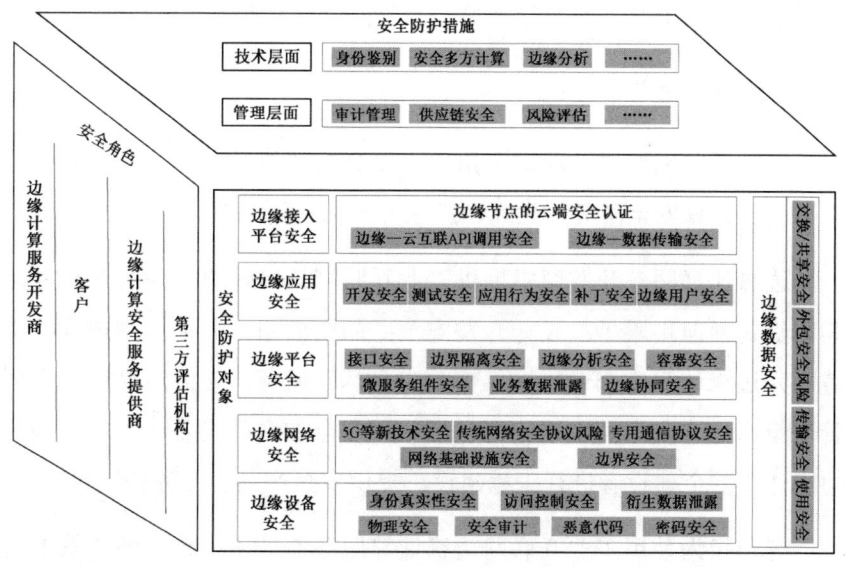

图 4-3　工业互联网边缘计算安全框架

1) 安全框架要素关系概述

明确安全防护对象是制定防护措施的基础。企业应梳理边缘计算部署应用的位置，在此基础上梳理可能存在风险的设备、数据等安全防护对象，方便针对性制定安全方案、选择防护措施。

实施安全防护措施是工业互联网边缘计算安全的核心。在梳理相关设备、系统后，企业应结合工业设备、系统的特点，强化安全防护。如在控制系统上部署边缘计算与在工业传感器上部署边缘计算应采取不同的防护措施。

落实安全角色主体责任是贯穿安全全流程的关键。在系统设计之初就应梳理涉及的主体，如边缘计算服务开发商、边缘计算安全服务提供商，并对主体进行安全管理，如相关方如何进厂，进厂后应该遵循哪些规则等，防范人为安全风险，同时明确相关方事后责任，方便进行安全责任追溯。

综上所述，开展工业互联网边缘计算安全防护工作，应由相关角色根据实际保护对象的安全需求，采取技术、管理等手段加强防护。

2) 安全角色要素

工业互联网边缘计算安全角色主要分为边缘计算服务开发商、客户、边缘计算安全服务提供商、第三方评估机构4类。

边缘计算服务开发商指提供工业互联网边缘计算服务的参与方，其职责包括但不限于：设计开发安全产品与应用，并提供维护技术服务；为边缘计算安全运行提供信息安全基础服务；按照边缘计算安全管理策略部署安全技术措施，包括数据安全加密、设备认证等；协助边缘计算安全建设者进行工程建设，提供安全产品、服务和技术等。

客户指为使用工业互联网边缘计算服务而处于一定业务关系中的参与方，其职责包括但不限于：合理安全地使用边缘计算服务开发商提供的边缘计算服务；向边缘计算服务开发商反馈合理的安全需求；负责所有资产的安全管理；定期安排安全评估机构进行安全检查评估；接受安全培训和指导；负责边缘计算安全运行与维护管理；监测边缘计算安全风险，分析安全态势；发现安全事件和脆弱性，防范、阻断攻击并及时告知相关方；制定、评估并修订边缘计算安全应急预案，及时处置安全威胁并告知相关方；有效控制因边缘计算引发的安全风险渗透至工业互联网核心网络。

边缘计算安全服务提供商支撑或协助边缘计算服务开发商或客户的安全管理、技术和运维。其职责包括但不限于：通过商务合同的方式，协助或支撑边缘计算服务开发商或边缘计算服务客户开展安全管理、技术和运维，承担部分安全责任。

第三方评估机构是独立于边缘计算安全服务提供商的专业评估机构。其职责为：根据国家有关要求或企业自行委托，对边缘计算服务开发商及其提供的边缘计算服务开展独立的安全评估。

除以上主要安全主体外，电信设备运营商、互联网厂商等相关角色根据其服务内容也需要承担相应的安全责任。

3）安全防护对象要素

工业互联网边缘计算安全框架包括以下 6 个防护对象的安全。

（1）边缘接入平台安全：边缘接入平台安全保障边云协同的安全性。边缘接入平台将云端能力下发到边缘节点，提供将工业云上应用延伸到边缘的能力，涉及边缘节点安全管理与运维、边缘设备接入安全等内容。

（2）边缘应用安全：边缘应用安全指满足工业边缘应用开发及运行过程中的基本安全需求，同时防止恶意应用对边缘计算平台自身安全及其他应用安全产生影响。

（3）边缘平台安全：边缘平台安全是提供边缘资源管理和边缘基础能力的基础。边缘平台集成了大量生产数据、控制数据等重要数据，同时对部分边缘节点还具有调度功能，一旦遭受攻击或渗透，将导致重要数据泄露、生产失控等安全问题。

（4）边缘网络安全：边缘网络安全是实现边缘计算与现有各种工业总线互联互通、满足所连接的物理对象多样性及应用场景多样性的必要条件。

（5）边缘设备安全：边缘设备为整个边缘计算节点提供软硬件基础，包括边缘控制器和边缘网关等。边缘设备安全是边缘计算的基本保障，需要保证边缘设备在启动、运行、操作等过程中的安全可信，边缘设备安全涵盖从启动到运行整个过程的设备安全、硬件安全、虚拟化安全和操作系统安全。

（6）边缘数据安全：工业边缘数据的安全问题贯穿整个工业系统，是创建安全边缘计算环境的基础，其根本目的在于保障数据的可用性、保密性和完整性。

4）安全防护措施要素

工业互联网边缘计算安全防护措施主要根据安全防护对象面临的风险，从管理层面和技术层面，部署有针对性的安全防护措施。

（三）防护措施

1. 工业边缘应用安全防护措施

1）技术层面

（1）用户身份认证。提供并启用用户身份标识唯一的检查功能；

提供并启用用户鉴别信息复杂度检查功能，保证身份鉴别信息不易被冒用；采用加密的方式存储用户的账号和口令信息；设置非法登录失败的次数。针对重要的工业控制系统的访问和操作，如注册、登录、管理等，提供图形验证码等强制保护措施，对用户的重要操作进行确认和验证。

（2）用户授权。制定边缘应用访问授权、控制等策略，采用最小权限安全模型（如白名单功能）管理应用访问权限，确保使用的工业软件在未经系统运营方许可的情况下不对外传输数据。

（3）安全监测。对工业边缘应用的性能、流量、用户行为等进行实时监控、分析、报警，并采用高性能白名单安全识别、机器自学习建模、智能攻击者锁定、虚拟补丁自动生成、Web 访问流程合规防护等防护手段，主动发现由僵尸 IP、代理 IP、扫描 IP、黑产 IP、C&C 等恶意 IP 发起的访问行为等。此外，对工业应用软件的漏洞和病毒，可调用具备扫描功能的软件进行扫描。

（4）资源控制。一是应限制应用访问的最大并发会话连接数等资源配额，并对服务水平进行监测，当服务水平降低到预先规定的阈值时进行告警；二是应在使用完毕后及时删除访问用户的个人信息数据，对留存期限有明确规定的，按相关规定执行；三是启用服务优先级设定功能，并根据安全策略设定访问账户或请求进程的优先级，根据优先级分配系统资源；四是应对工业互联网边界资源进行访问鉴别，只有鉴别成功的用户或系统才可以访问相应的资源。

2) 管理层面

（1）访问人员管理。支持对授权管理员进行唯一身份鉴别；重点岗位的计算机使用人员应签订信息安全与保密协议，明确信息安全与保密要求和责任；人员离岗离职时应终止信息系统访问权限；应建立外部人员访问重要区域审批制度，外部人员须经审批后方可进入；对信息安全责任事故进行查处，对违反信息安全管理规定的人员给予严肃处理。

（2）应用系统管理。只允许通过特定的命令或操作界面进行系统管理操作，并对这些操作进行审计；提供应急的恢复目标，恢复优先级和度量指标；建立第三方组件信息备份，保证备份信息的保密性、完整性和可用性，并定期验证信息系统备份的可用性；建立网络和系统安全管理制度，在安全策略、账户管理、配置管理、日志管理、日常操作、升级与打补丁、口令更新周期等方面做出规定。

（3）应用审计管理。对业务应用系统行为进行审计，记录系统重要安全事件的日期、时间、发起者信息、类型、描述和结果等，并保护好审计结果，阻止非法删除、修改或覆盖审计记录。同时能够对记录数据进行统计、查询、分析并生成审计报表；部署相关的数据库审计措施，对用户行为、用户事件及系统状态加以审计，范围覆盖到每个用户，从而把握数据库系统的整体安全；保护审计记录，避免受到非授权的访问、篡改、覆盖或删除等，并保留记录不少于 6 个月。

（4）安全开发管理。具备安全开发的能力，提供需求阶段的安全需求分析和风险评估；提供设计阶段的攻击面分析与威胁建模；提供开发阶段的标准工具使用和静态分析、测试验证阶段的异常缺陷评估。

（5）安全补丁与加固管理。定期进行补丁安装及更新，安装前应对补丁进行安全性测试；对边缘 App 进行加固，并确保加固行为基本不影响应用的功能、性能和兼容性等，并实现边缘应用加固方案在主要机型上的兼容性。

（6）应用软件管理。安装前对应用程序进行功能测试及安全性测试，并保留测试报告；安装时应提示终端操作系统用户对其使用的终端资源和终端数据进行确认；确保对工业生产管理的正常运行无不良影响；在运行期间，须记录用户操作行为，方便进行行为审计。

（7）运维管理。支持可视化、自动化编排与运维技术，将人、技术、流程进行深度融合，通过把人工运维经验固化成预案，构建安全事件处置的工作流，自动触发不同安全设备执行响应动作，快速将工业边缘计算环境中复杂的事件响应过程和任务流转变为一致的、可重复的、可度量的和有效的工作流，变被动应急响应为自动化持续响应，有效提高安全运维的响应速度，降低用户的平均响应时间。

2. 工业边缘平台安全防护措施

1) 技术层面

（1）物理安全。对边缘平台进行外围物理加固，防止边缘平台依托的设备遭受雷击、火灾、潮湿、盗窃等。

（2）访问控制。提供并启用登录失败处理功能（包括结束会话、限制非法登录次数、自动退出等）；严格限制用户访问权限，按照安全策略要求控制用户对业务、数据、网络资源等的访问；对用户交互的各类信息进行必要的安全过滤。

（3）边界隔离。主要包括以下隔离方式。

虚拟化隔离：将微服务组件部署在单独的容器中运行，使得微服务组件在运行过程中，不会破坏其他运行软件，以及不被其他软件破坏。

多租户隔离：在系统、程序和数据等层面进行多租户隔离，以实现不同租户之间、同一租户的不同应用系统之间严格的访问控制和认证授权，同时还要保护组合的应用数据免受攻击。

数据库隔离：通过隔离数据库（每个租户使用单独的数据库）、隔离存储区（多个租户使用相同的数据库，但是每个租户使用一个单独的 Schema）、合理设计数据库表结构来实现不同租户之间的数据隔离

（多个租户使用相同的数据库、相同的 Schema，但是每个组合访问不同的表或表的不同部分）。

（4）接口安全。调用平台服务时在接口处进行认证，并在接口处部署安全管控措施。接口协议操作应通过接口代码审计、黑白名单等控制措施确保交互符合接口规范。

（5）数据安全。通过对网络传输的关键敏感数据进行加密，防止析出报文内容；针对不同接入方式的用户，采用不同的认证方式，检查使用数据的合理性和有效性；如须把信息共享给第三方应用，应对信息进行脱敏处理，严格保护用户隐私不被泄露。

（6）容器安全。通过沙箱机制保护运行虚拟设备的进程；对边缘平台中的容器进行完整性校验和安全性检查，对容器镜像进行数字签名；严格监管对容器服务的访问，避免不必要的权限升级；提供标准的接口来访问关键敏感信息；对关键敏感信息进行加密存储和传输。

（7）边缘协同安全。采用 Kubernetes（一个可移植的、可扩展的开源平台，用于管理容器化的工作负载和服务，可促进声明式配置和自动化）等技术限定特定应用运行所需的资源。

2）管理层面

（1）人员管理。提升数据使用人员的保密意识，确保其自觉遵循安全策略。

（2）访问控制。严格数据访问权限划分，及时终止离职人员的访问、操作等相关权利，及时注销相应账号。

（3）安全检查。定期进行安全检查，防止 SQL 注入等攻击。

（4）安全审计。一是进行微服务组件操作安全审计，对微服务组件内部使用人员的操作进行审计，其中审计覆盖每个用户，内容应包括用户重要行为、微服务组件资源的异常使用和重要操作命令的使用等；审计应重点关注微服务组件资源的异常使用和重要操作命令的使用等重要安全事件。二是进行边缘协同安全审计，通过对运行节点所使用的主要资源（如 CPU、内存、磁盘使用情况及网络带宽占用情况）进行审计，对异常资源的使用给出报警提示，审计记录在有效期内不允许非法访问、篡改和删除。

3. 工业边缘网络安全防护措施

1）技术层面

（1）5G 新技术安全。5G 在海量机器类通信（massive Machine Type of Communication，mMTC）大规模工业互联网领域，需要建立群组认证机制、采用专用安全芯片、选择合适的轻量化安全机制、满足工业生产的实时性需求、均衡可靠性和安全性需求之间的矛盾。

（2）网络设备安全。检测远距离无线电（Long Range Radio，LoRa）低功耗广域网接入的虚拟化物联网设备，避免从 mMTC 的角度对网络发起 DDoS 攻击。

（3）网络协议安全。丰富边缘计算云平台中支持的网络协议，完善边缘技术的网络安全服务。

2）管理层面

（1）安全检测。加快边缘计算安全设备的相关产品的检测工作、生产单位的认证评估工作。

（2）漏洞防护。边缘设备制造商需要及时更新设备驱动，避免漏洞利用攻击。

（3）切片管理。运营商要加强网络切片安全管理，在网络功能虚拟化（Network Functions Virtualization，NFV）中，保障无线网子切片、承载网子切片和核心网子切片的逻辑隔离。

4. 工业边缘节点安全防护措施

1）技术层面

（1）安全芯片。对于具有高安全需求的边缘设备，可充分利用设备主控芯片的安全特性（如 TrustZone 信任域、OTP 一次性口令等），使用高性能安全芯片，实现硬件级的高强度安全，为设备的安全启动、固件安全更新、敏感数据加密等功能提供坚实基础。其中，安全芯片主要提供密钥安全存储、芯片内的加解密、随机数生成等安全功能。

（2）安全启动和可信度量。通过安全启动和可信度量确保设备启动过程中加载运行的引导程序、操作系统内核、应用程序等的完整性，确保其未遭到篡改。此外，还可利用动态度量技术验证设备运行阶段执行的应用程序的完整性。

（3）操作系统加固。采取访问控制等措施对边缘设备操作系统进行加固。系统开放的端口均应是业务所必需的，禁止存在可绕过系统安全机制对系统或数据进行访问的功能。

（4）安全更新。边缘设备获取固件更新数据时应采用安全通信信道，以保证固件更新包的机密性和完整性。固件更新包中应携带数字签名，用于边缘设备对固件更新包的来源和完整性进行校验，有效避免非法固件更新包。

（5）非法接入检测。构建工业互联网边缘设备指纹识别库、属性信息库等，从设备开放的服务端口、设备协议标语、设备对特定请求的响应报文特征、设备 Web 主页特征等多个维度提取特征，以刻画不同设备的差异，实现边缘设备的类型、厂商、属性识别，支撑基于精准设备识别的非法设备接入检测功能。

（6）口令安全。边缘设备口令安全保护可从口令生成、口令使用和口令管理 3 方面采取措施。

（7）数据安全保护。采用加密等技术手段防止边缘设备上的用户配置数据、用户隐私数据、音视频数据等关键数据泄露，密钥可在设备首次启动时随机生成，实现"一机一密"。

（8）终端监测分析。对边缘设备运行状态、安全状况等采取有效的安全监测及分析机制，定期或不定期地对边缘设备进行安全扫描，掌握边缘设备的系统漏洞情况、运行状况等。

（9）安全审计。边缘设备上所有用户活动及引起系统变更的操作都应记录日志并定期进行审计。审计日志应能支撑事后审计的需要，至少包括用户标识、时间戳、事件类型、被访问资源名称、操作结果等信息，对于资源受限、无法在本地存储日志的终端设备，应当支持日志上传功能。

（10）物理安全防护。如果边缘设备支持户外部署，应当具备提供位置信息的能力；如果边缘设备采用插卡方式进行网络身份认证，应当具备防止卡片被替换或拔除的能力；如果设备被非法拆除，应能够记录事件并发送报警；当遭遇物理入侵时，边缘设备应能够自动复位系统，防止数据泄露。

2）管理层面

（1）供应链安全。供应链系统具有参与主体复杂、过程环节众多、产品传递跨地域等特点，易受到来自内外部不利因素的影响和威胁。为缓解制造安全风险，确保软件和硬件完整性，可在边缘设备生产的关键环节，如软件提供、芯片烧录/校验、软件加载、生产测试等环节，采取防篡改、防植入、防调包等安全管控措施，以防范未授权的硬件替换、软件植入或篡改、病毒感染等风险。其中，供应链用于生产的软件烧录、软件加载、组装和测试网络应隔离于公司的办公系统或公共互联网之外。边缘设备制造商等应参考国际通用的供应链安全管理体系，并在明确供应链运行环境、识别各环境威胁、采取风险评估和应对措施的基础上，建立全面的供应链安全管理体系，并不断更新和完善。

（2）设备安全检测。边缘计算服务开发商应采用安全软硬件安全检测分析工具，对边缘设备产品进行全方位的安全检测，包括漏洞挖掘、代码审计、渗透测试等。

（3）设备研发安全。边缘计算服务开发商应参考业界最佳安全实践，将安全活动（如安全设计、安全开发、安全测试等）融入设备相关的软硬件研发流程中，制定产品研发安全管理流程，确保安全活动有效落地，从而提升边缘设备产品的机密性、完整性和可用性，增强隐私保护能力。

（4）环境安全管理。边缘设备的应用企业应基于工业现场边缘设备、边缘服务器、数据库等核心软硬件，明确重点物理安全防护区域；企业对于重点物理安全防护区域应采取物理隔离、访问控制、视频监控、专人职守等物理安全防护措施。

（5）设备安全管理。对于边缘设备上必须开放的物理接口，应建立外接接口管理制度，并通过访问控制等技术手段防止未授权访问，避免非法接入。

（6）安全监测管理。部署网络安全监测设备，及时发现、上报、处置针对边缘设备的网络攻击行为或异常行为。

（7）备份和恢复安全。采用定期备份数据等措施，确保在关键数据丢失时可以及时恢复数据；应对所备份的关键业务数据定期进行恢复测试，确保备份数据的可用性。

5. 工业边缘数据安全防护措施

1）技术层面

（1）数据保密性。结合属性加密、代理重加密和同态加密等应用加密理论，设计低时延、支持动态操作的分布式安全存储系统，正确处理网络边缘设备与云中心之间的协同性，保障数据保密性。

（2）数据完整性。通过设计支持多源异构数据和动态数据更新的完整性审计方案加强工业互联网边缘计算数据的完整性保护。

（3）可搜索加密。构造安全索引，使其适用于资源受限的网络边缘设备，并设计分布式可搜索加密算法解决数据密文检索问题。

（4）差分隐私（Differential Privacy）技术。按照差分隐私算法在本地对数据进行处理（一般是添加随机噪声），处理后的数据可以上传到边缘数据中心或云端，即通过在数据中添加噪声以保护数据隐私。

（5）安全多方计算（Secure Multi-Party Computation）技术。安全多方计算技术在数据无须聚合的基础上，实现了多方之间的数据联合密文计算。使用安全多方计算技术，在边缘节点之间、边缘数据中心之间、边缘数据中心与云端之间进行联合计算时，无须把所有数据聚合到一起，避免了数据传输过程中的数据泄露风险，也防止了数据传输后数据不可控和数据确权问题。

（6）联邦学习（Federated Learning）技术：联邦学习技术在数据无须聚合的基础上，实现了多方之间的机器学习联合建模。使用联邦学习技术，无须把边缘设备产生的数据上传到云端，在本地即可完成模型的训练和预测。

2）管理层面

（1）数据安全组织。制定组织的工业边缘数据安全目标、数据安全策略和规划，统一数据安全管理规范体系。结合工业数据安全合规监管要求和业务发展要求，制定工业互联网边缘计算数据安全整体解决方案并实施。建立监控审计机制——工业互联网边缘计算数据安全工作和监督审计机制，推动并协助执行组织的建立，监督工作的有效开展。

（2）数据安全管理策略制度。建立工业互联网边缘计算数据全生命周期安全管理规范。明确数据采集、存储、传输、处理、使用等数据全生命周期活动的目的、用途、方式、范围、采集源、采集渠道等内容，对外部数据提供方及被采集者提供的数据进行确认，以满足相关法律法规要求。在对采集、存储、使用、加工过程的数据进行保护的过程中，明确相关重要数据的安全控制措施，确保重要工业数据不被泄露。

（3）数据分类分级。对涉及的边缘计算数据进行分类分级，确定数据分级。涉密信息的处理、保存、传输、利用按国家保密法规执行。

（4）数据安全风险评估。建立边缘计算数据的风险评估流程。明确数据采集的风险评估方法、评估周期、评估对象，识别相关的法律法规并纳入合规评估；定期开展边缘计算数据安全风险评估及分析工作，包括数据资产、数据威胁识别、数据脆弱性识别和边缘计算数据安全风险分析工作。

（5）应急评估和处置。建立边缘计算数据安全应急机制、组织体系、技术支撑队伍及专家队伍等。监测预警包括监测、预警、分析研判等。应急处置包括信息报送与共享、事件处置、调查与总结等。预防保障包括日常管理、漏洞管理、宣传培训、应急演练等。明确监测预警、应急处置、预防保障评估项，定期开展评估。

（6）实时数据安全监控与分析。具备实时数据安全监测与分析技术措施，对全部业务系统进行 7×24 小时实时监测，并形成监测记录。具备监测技术措施，对网络流量、日志信息、运行状态、性能状况、安全策略、系统配置、安全告警、资产漏洞、访问控制、网络异常行为、威胁信息或网络攻击事件等进行监测。

6. 边缘接入平台安全防护措施

1）技术层面

（1）边缘智能产品安全。对智能产品进行专门的安全加固，如采用安全软件开发工具包、安全操作系统、安全芯片等技术手段，实现防劫持、防仿冒、防攻击和防泄密。

（2）边缘—云网络传输信道的安全防护。加强边缘网络数据传输安全防护。采用 IPSec VPN 或 SSL VPN 等加密隧道传输机制或 MPLS VPN 等专网进行重要数据传输，防止数据泄露、侦听和篡改。优先采用混淆、替代等方式混合的高安全加密方法或高级安全加密标准，支持非对称加密技术，支持 IP 节点绑定加密。

2）管理层面

（1）风险管理。通过风险评估、风险管理、风险处置等流程对边缘侧的数据安全、代码安全、应用安全、数据安全、访问安全等安全属性进行评价，识别、控制、消除、减小可能影响工业互联网平台安全的不确定事件，并对风险等级进行判定，采取相应的控制措施。

（2）运维管理。对运行过程中基础环境、网络、安全、主机、中间件、数据库乃至核心应用系统产生的影响其正常运行的安全事件（包括关联事件）展开监控、告警、应急响应、安全评估等，以保证接入安全。

四、工业互联网边缘计算安全的未来展望

可从体系架构构建、标准制定、技术产品研发、评测体系健全、

人才建设5个方面，提升工业互联网边缘计算安全防护能力。

一是构建统一的体系架构。工业互联网边缘计算中涉及移动通信网、工业以太网、无线局域网、公共互联网等多种网络接入和承载技术，导致工业互联网边缘计算应用的技术体系存在一定的差异性。此外，工业互联网边缘计算的系统架构需要不断整合和容纳5G、区块链、信息物理系统等新技术，以促进工业生产智能化、高效化。因此，亟须加快工业互联网边缘计算体系架构标准化、规范化建设，基于软件定义设备、虚拟化、容器隔离、微服务等关键技术，打造支撑工业互联网边缘计算的通用商用系统架构，以满足不同业务需求，实现工业云业务扩展到边缘，并可部署在电信设备、工业网关或边缘工业数据平台等不同位置，安全高效地实现跨行业、跨平台的互联互通。

二是加快标准研制与落地。工业互联网边缘计算安全责任主体涉及边缘计算服务开发商、客户、边缘计算安全服务提供商、第三方评估机构等不同角色，同时边缘计算部署过程中需要跨越计算、存储、网络等方面进行长链条的技术方案整合，因此亟须制定工业互联网边缘计算安全相关标准，发挥标准的指导作用，解决行业、企业在应用工业互联网边缘计算技术过程中存在的安全管理、安全部署、安全防护等方面的标准化问题，实现互联网企业、通信设备企业、通信运营商、工业企业等多方利益在商业模式下的互利共赢。

三是开展关键核心技术研发和产品研制。推进区块链、人工智能等新兴前沿技术在工业互联网边缘计算安全中的应用研究，加大对边缘计算分布式环境下多源异构数据的传播管控力度和安全管理的核心技术攻关力度，研发设计适用于工业互联网环境下多种形态的边缘计算安全产品，提供差异化的工业边缘服务能力，开展在大连接、异构数据等复杂工业条件下，能够与边缘节点融合的一体化安全机制研究。

四是健全边缘计算安全应用评测体系。依据《中华人民共和国网络安全法》《中华人民共和国密码法》，以及网络安全等级保护制度2.0

等相关政策标准，搭建边缘计算安全应用仿真测试环境，强化边缘计算安全应用的合规性、有效性，安全技术产品的安全性、稳定性，以及工业互联网的适应性等应用评测能力。面向智能制造、无人驾驶等重要工业互联网应用领域，开展边缘计算安全应用评测服务，为保障边缘计算安全运行提供支撑。

五是加大人才队伍建设力度。健全多层次、多类型的工业互联网与边缘计算安全复合型人才培养和服务体系，支持边缘计算安全应用实训基地建设。积极推进产学研结合，推动企业、科研机构和高等院校建立并完善工业互联网边缘计算应用安全人才联合培养模式。依托国家科技计划、示范工程和国际合作，培养高层次人才和领军人才，加快引进国际高端人才。

第五章
工业互联网数据安全

一、工业互联网数据的特征及重要性

（一）工业互联网数据的形态和种类多样，"工业"和"互联网"属性兼具

工业互联网数据是指在工业互联网这一新模式、新业态下，在工业互联网企业开展研发设计、生产制造、经营管理、外部协同等业务时，围绕客户需求、订单、计划、研发、设计、工艺、制造、采购、供应、库存、销售、交付、售后、运维、报废或回收等工业生产经营环节和过程，所产生、采集、传输、存储、使用、共享或归档的数据。工业互联网数据的主要类型如表 5-1 所示。

工业互联网数据涉及的主体较多，包括拥有研发设计数据、生产制造数据、经营管理数据的工业企业；拥有平台知识机理、数字化模型、工业 App 信息的工业互联网平台企业；拥有工业网络通信数据、标识解析数据的基础电信运营企业及标识解析系统建设运营机构等工业互联网基础设施运营企业；拥有设备实时数据、设备运维数据、集成测试数据的系统集成商和工控厂商；以及拥有工业交易数据的数据交易所等。这些不同类型的企业都是工业互联网数据产生或使用的主体，同时也是工业互联网数据的安全责任主体。

表 5-1 工业互联网数据的主要类型

数据类别	数据子类参考
研发设计数据	设计图纸文档、开发测试代码等
生产制造数据	控制信息、工况状态、工艺参数、系统日志等
经营管理数据	系统设备资产信息、客户与产品信息、业务管理数据等

续表

数据类别	数据子类参考
外部协同数据	工业企业上下游供应链数据、与其他工业企业交互的数据等
运行维护数据	设备运行数据、设备维护数据、集成测试数据等
建模分析数据	知识机理、数字化模型、统计指标、数据分析模型等
平台运营数据	物联采集数据、平台应用与服务数据、平台运行数据等
标识解析数据	标识数据、标识运营数据等
流通交易数据	数据产品信息、交易信息等

工业互联网数据同时具备"工业"属性和"互联网"属性，但相比传统网络数据，工业互联网数据种类更丰富、形态更多样，主要有3种数据：①以关系表格式存储于关系数据库中的结构化数据，如生产控制信息、运营管理数据；②以时间序列格式存储于时序数据库的结构化数据，如工况状态信息、云基础设施运行信息；③以文档、图片、视频格式存储的半结构化数据或非结构化数据，如生产监控数据、研发设计数据、外部交互数据。

除了多态性，工业互联网数据还有以下 7 个特征：①实时性，工业现场对数据采集、处理、分析等均具有很高的实时性要求；②可靠性，工业互联网数据十分注重数据质量，在数据采集、传输、使用等环节中都要保证数据的真实性、完整性和可靠性，确保工业生产经营的安全稳定；③闭环性，工业互联网数据需要支撑状态感知、分析、反馈、控制等闭环场景下的动态持续调整和优化；④级联性，不同工业生产环节的数据间关联性强，单个环节数据泄露或被篡改，就有可能造成级联影响；⑤更具价值属性，工业互联网数据更加强调用户价值驱动和数据本身的可用性，用于提升创新能力和生产经营效率；⑥更具产权属性，工业互联网数据产生于企业实际生产经营过程，数据产权属性明显高于个人用户信息；⑦更具要素属性，工业互联网数据是驱动制造业和数字经济高质量发展的重要引擎，具有更强的生产要素作用。

工业互联网数据与传统网络数据的对比如表 5-2 所示。

表 5-2　工业互联网数据与传统网络数据的对比

对比项	工业互联网数据	互联网数据
数据格式	工业现场时序数据等结构化数据较多，研发设计数据、经营管理数据等多为非结构化数据	多为非结构化数据，少部分为结构化数据
数据质量	要求数据具有真实性、完整性、可用性，更关注处理后的数据质量和可用性	采用数据简单清洗的方式去除无关数据，数据质量要求较低
实时性	注重数据的时效性，覆盖工业生产经营过程中的各类变化条件，确保从数据中能提取可以全面反映对象真实状态的信息	对数据的实时性要求不高
关联性	生产经营流程中的数据关联性较强，注重数据特征背后的物理意义、特征之间的关联性机理逻辑	依赖统计学工具简单分析属性之间的相关性
分析结果精度	对预测结果和分析结果的容错率很低，要求数据具有高精度	对预测结果的准确性要求不高
闭环反馈控制	支撑生产经营全流程进行闭环反馈与控制	一般不需要闭环反馈控制

（二）工业互联网数据安全关乎国计民生，关系国家安全

工业互联网数据是贯穿工业互联网的"血液"，已成为提升制造业生产力、竞争力、创新力的关键要素，是驱动工业互联网创新发展的重要引擎。随着工业互联网的发展，数据增长迅速、体量庞大，数据安全已成为工业互联网安全保障的主线，一旦数据遭到泄露、篡改、滥用等，将可能影响生产经营安全、国计民生甚至国家安全，其重要性日益凸显。

一是工业互联网数据安全是保障企业正常开展生产经营活动的重要前提。设计图纸、研发测试数据、工艺参数等技术资料可能含有企业商业机密，一旦遭到泄露将会导致企业失去核心产业竞争力。生产

控制指令、工况状态等信息若被不法分子篡改，可引发系统设备故障甚至生产安全事故，影响企业生产运行。企业内部合作信息、平台客户信息等数据的泄露则会破坏企业信誉和形象。

二是工业互联网数据安全是经济社会稳定发展的重要基石。国家化工、钢铁等产品生产能力、储备情况、重大进出口项目信息等数据，能够反映化工产业实力、潜力和竞争力，关乎国家经济发展。化工厂房平面图、化学品存储库房分布等信息一旦遭到泄露，易被不法分子利用，对化工厂等发起定向攻击，引发火灾、爆炸等重大安全事故，威胁人民生命健康，造成生态环境污染，影响社会稳定。

三是工业互联网数据安全是中国国家安全战略的重要组成。重大装备研发设计文档等属于重要数据，一旦泄露会被他国窃取相关技术，从而影响国家科技实力。特种钢生产量等相关数据与高端装备制造密切相关，一旦泄露可被他国用于推算我国高端装备制造等情况，成为他国的谈判筹码。对于工业互联网平台中的海量数据，可通过大数据分析手段挖掘出敏感数据，防止被他国利用，从而威胁我国国家安全。

二、全球工业互联网数据技术与产业发展概况

（一）发达国家以工业互联网数据作为发展先进制造业的战略重点

近年来，美、德、法、日等发达国家以工业互联网数据驱动先进制造业发展。

一是美国着力推进制造业和数字经济快速发展。一方面，加强制造业与数字技术深度融合。美国持续发布制造业振兴的相关战略规划，

如 2019 年 4 月发布《加速：能源充裕时代下美国制造业加速振兴行动计划》，提出美国亟须建设一个能源和先进制造业双重驱动的创新驱动型经济体，并强调大数据、信息和知识是数字经济时代的"基础性新能源"，需要在合理保护的基础上充分开发利用，以赋能知识经济。2018 年 10 月发布《美国先进制造领先战略》，指明未来美国先进制造业的发展方向，即加大对先进制造业的投资，重点加强对工业机器人、人工智能等先进技术的研究与技术转化，该战略着力推动大数据分析、传感技术和控制技术应用于制造业，促进制造业的数字化转型，并通过挖掘生产和性能等数据来发现潜在的产品和工艺技术要点。早在 2012 年年初，《美国先进制造业国家战略计划》发布，提出要建立健全先进制造业长期发展的相关政策，促进先进材料、先进制造工艺、生产技术平台、数据基础领域的投资组合，为实现战略目标夯实先进制造业的发展基础。

另一方面，加快数据、人工智能等领域的战略实施，巩固制造业和数字经济发展所需的先进技术优势。在人工智能领域，2019 年 2 月，美国总统签署行政令《维护美国人工智能领导力的行政命令》，特别重视数据在确保其人工智能全球领先优势方面的重要作用，如该行政令将数据作为战略资产，要求各机构积极提高数据质量、可用性，以及可访问性等；美国还发布了《国家人工智能研发战略计划（2019 年更新版）》，提出要重点关注联邦政府与学术界、工业界、其他非联邦实体和国际盟友之间的合作，并将"开发用于人工智能培训及测试的公共数据集和环境"作为八大战略之一。在大数据领域，2019 年 12 月，美国发布《联邦数据战略与 2020 年行动计划》，确立了政府范围内的框架原则，提出了数据共享、数据保护、数据使用等 40 项具体数据管理实践，尤其重视人工智能研发所需的数据资源，该数据战略的出台意味着美国对于数据的重视程度进一步提升，并加快建立强大的数据治理能力。

二是德国推动人工智能、区块链等数字技术加速工业 4.0 战略实施。2013 年 4 月，德国政府首次提出工业 4.0 战略，通过增强制造业自动化、网络化、智能化程度，推进企业内、企业间、全社会的价值链横向、纵向、端到端数字化集成，形成生产可调节、产品可识别、需求可变通、过程可监测的全过程智能制造。2019 年以来，德国多次从国家战略高度推动制造业创新发展。2019 年 2 月，德国发布《国家工业战略 2030》，旨在针对性地扶持重点工业领域，提高工业产值，保证德国工业在欧洲乃至全球的竞争力，该战略大力发展数字化和人工智能应用，打造欧洲自主可信任的数据基础设施，强调只有掌握数据主权才能确保德国企业和欧洲企业在数字经济中取得成功。2019 年 9 月，德国联邦经济与能源部和德国联邦财政部联合发布《德国国家区块链战略》，提出将重点在工业制造、能源、数字身份和金融等领域探索区块链应用，积极推进区块链技术在智能设备身份识别和认证、智能机器之间的合同谈判和结算，以及数字网络智能协作等场景中的应用。

三是法国、日本、韩国等国家积极利用数字技术发展制造业。2015 年 5 月，法国发布"未来工业"计划，以发展物联网、增强现实技术及 3D 打印机等新技术企业为切入点，从未来汽车、创新纺织、未来工厂、电子飞机、生物燃料等多领域出发，提出通过数字技术对制造业的组织、经营、研发、商业模式等进行转型升级，旨在构建互联互通、具备强大竞争力的制造业产业。2015 年 1 月，日本发布"新机器人战略"，瞄准数字工厂、智能生产、智能装备等发展方向，将工业互联网数据作为实现人机交互、物流资源整合、先进机器人开发等重要技术发展的核心要素。自 2002 年起，日本经济产业省每年发布《日本制造业白皮书》，结合经济形势变化，在各个发展阶段主动布局，明确产业发展方向。近年来，日本明确"互联工业"作为日本制造业的发展目标，包括构建人与设备、系统交互的新型数字社会，通过合作与协调解决工业新挑战，积极推动培养适应数字技术的高级人才等举措。韩国于 2014 年 6 月提出《制造业创新 3.0 战略》，经补充完善，2015 年 3 月又公布了《制造业创新3.0战略实施方案》，标志着韩国版"工业4.0"战略正式确立。2019年6月，韩国政府发布《制造业复兴发展战略蓝图》，认为制造业是国家的经济基础，是创造高质量就业机会和创新增长的途径，提出在所有制造业部门推进基于人工智能的工业智能技术，通过从智能工厂收集数据、政府建立数据中心，支持基于人工智能的服务，并促进关键软件、机器人、传感器和设备等智能制造设施的发展。

（二）欧美企业纷纷推进基于数据驱动的工业互联网平台建设

美国通用电气公司（GE）推出的Predix平台是面向工业领域的大数据云平台，主要功能是将各类数据按照统一的标准进行规范化梳理，并提供随时调取和分析的能力。美国IBM Watson物联网平台利用TLS安全传输层协议技术及网关设备连接技术将设备与平台进行连接，实现工业互联网数据的安全采集。美国参数技术公司（PTC）推出的ThingWorx平台采用大数据分析、机器学习、模拟仿真等技术对工业互联网数据进行处理与分析，实现风险预测分析、实时数据解析、数据溯源等功能，辅助相关人员及时发现数据丢失、篡改、被盗等问题，同时平台还嵌入了动态影像技术，可向外界传输数据运行历史记录，辅助有关人员查询历史数据，减少决策延迟。德国菲尼克斯电气推出的ProfiCloud平台采用差异化数据访问方法采集工业互联网数据，对于分布在远程的PROFINET设备（即支持PROFINET工业协议的设备），利用分布式控制器实现互联网与ProfiCloud平台的连接，而本地的PROFINET设备则可以通过云耦合器连接ProfiCloud云平台并访问数据。德国西门子推出的MindSphere平台利用MindConnect网关和Sinalytics分析平台对工业互联网数据进行整合分析，降低数据采集的错误率。另外，西门子还将IBM公司的Watson Analytics功能融入到MindSphere平台中，在保证数据安全的情况下完成数据访问、数据清洗、数据处理等，帮助 MindSphere 平台进行预测分析、规范分析和认知分析。瑞士 ABB Ability 平台采用差异式贴附技术完成平台工业互联网的数据采集，对于可以直接贴附数据采集装置的工业设备，平台利用智能传感器设备将工业互联网数据传输到云端，而对于不能通过贴附技术采集数据的工业设备，则通过实施配置使服务器支持 OPC UA、Modbus、ODBC、REST、IEC 61850 等多种工业协议，以完成工业互联网的数据采集与通信。

（三）我国加快推进工业互联网数据技术和产业发展

一是我国高度重视工业互联网数据发展。以习近平同志为核心的党中央高度重视工业互联网发展，并多次作出重要指示。《政府工作报告》连续三年部署工业互联网发展任务，在 2020 年的《政府工作报告》中首次将工业互联网作为国家七大"新基建"领域之一。在《中共中央关于制定国民经济和社会发展第十四个五年规划和二〇三五年远景目标的建议》，以及中央全面深化改革委员会于 2020 年 6 月审议通过的《关于深化新一代信息技术与制造业融合发展的指导意见》等文件中，都部署了发展工业互联网的相关重要任务。一系列的政策加码、资本跟进和新基建提速，都表明当前工业互联网发展正在驶入"快车道"，深化工业互联网创新发展已成为制造业转型升级、智能制造发展的核心，推动数字经济与实体经济深度融合的关键路径，以及促进经济高质量发展的重要选择。

近年来，我国先后出台了多项政策推动工业互联网数据发展。2020年 4 月，《中共中央 国务院关于构建更加完善的要素市场化配置体制机制的意见》印发，首次在中央层面将数据作为一种新型生产要素写入文件，并明确提出要支持构建工业等领域规范化数据开发利用的场景，提升数据资源价值。《国务院关于深化"互联网+先进制造业"发展工业互联网的指导意见》提出，实现工业大数据清洗、管理、分析等功能的快捷调用，推进技术产品在重点企业、重点行业中的应用。《国务院关于积极推进"互联网+"行动的指导意见》（国发〔2015〕40号）指出，要提高工业领域生产装备的智能化升级、生产设备数据的共享，加强工业大数据的采集、存储、分析、利用，使工业大数据与工业互联网平台、工业云平台紧密融合，鼓励工业大数据等新兴技术在工业企业中广泛应用。《国务院关于印发促进大数据发展行动纲要的通知》（国发〔2015〕50号）提出要针对不同行业、企业、地区开展工业大数据试点应用，加强工业大数据在企业核心环节的分析应用。《国务院办公厅关于运用大数据加强对市场主体服务和监管的若干意见》（国办发〔2015〕51号）提出要利用工业大数据加强对工业企业的监测、态势分析和风险预警。

工业和信息化部积极贯彻落实党中央、国务院关于加强工业大数据发展的相关文件精神。工业和信息化部编制的《大数据产业发展规划（2016—2020年）》指出，要使工业大数据与智能制造进行技术融合，全面支撑制造业转型升级，提高工业大数据保障能力，建立工业大数据相关保护体系，加强对工业大数据的集群资源、深度学习、虚拟现实技术的研究与开发，实现不同地域、不同部门、不同层级的数据处理、共享和应用。《工业互联网发展行动计划（2018—2020年）》和《工业互联网专项工作组2018年工作计划》明确把工业大数据管理纳入工业互联网平台体系建设内容。2020年3月发布的《工业数据分类分级指南（试行）》提出了工业数据分类分级方法，旨在指导企业提升工业数据管理能力，促进工业数据的使用、流动与共享，释放数据潜在价值，赋能制造业高质量发展。2020年5月发布的《工业和信息化部关于工业大数据发展的指导意见》提出，要促进工业数据汇聚共享、深化数据融合创新、提升数据治理能力、加强数据安全管理，着力打造资源富集、应用繁荣、产业进步、治理有序的工业大数据生态体系。2022年5月，《工业和信息化部办公厅关于开展工业互联网安全深度行活动的通知》(工信厅网安函〔2022〕97号)印发,举办分类分级管理、政策标准宣贯、资源池构建、应急演练等一系列活动,旨在深入宣贯工业互联网安全相关政策标准,健全自主定级、定级核查、安全防护、风险评估等工作机制,加快工业互联网安全专用技术和产品创新,培育壮大地方专业化服务机构,推动在全国范围内深入实施工业互联网企业网络安全分类分级管理,指导督促企业落实网络安全主体责任,共同提升工业互联网安全保障能力。

二是我国工业企业、互联网企业等在工业互联网平台建设中不断加强大数据技术集成开发和应用。为加强工业领域数据采集、汇聚、建模、分析和综合展示等各项功能,帮助企业基于海量工业数据进行决策分析,工业企业、工业互联网平台企业纷纷建设工业互联网平台,支撑工业领域数据分析和资源分配。一方面,平台通过智能传感器、数据采集设备等,对产品在设计、研发、生产过程,以及在相关业务环节中产生的数据进行采集,利用机器学习、人工智能、云计算等技术把工业知识、技术、经验等沉淀、融合,形成工业数据知识机理与模型,并通过可视化模块为用户提供生产制造流程优化、资源优化分配、工艺操作过程改进等服务。例如,中国电信的 CPS 平台以生产线数据采集与设备接口层为基础,以建模、存储、仿真、分析的大数据云计算为引擎,实现各层级、各环节数据的互联互通,打通从生产到企业运营的全流程。

另一方面,结合物联网等新兴技术,工业互联网平台通过分析工业企业、工业互联网平台企业的用户需求,构建流量监测、平台预警、工艺报警、统计分析、决策支持、流程优化等模块功能,对工业企业、工业互联网平台企业的生产控制数据、销售运营数据、供应链管理数据、财务会计数据等工业大数据进行资源整合,提高企业资源计划系统、制造执行系统的管理水平,实现产品和服务的自动化、数字化、智能化,形成基于数据驱动的工业互联网平台新发展模式、新业态。

例如，航天云网的 INDICS 平台，在 IaaS 层自建数据中心，在 DaaS 层提供丰富的大数据存储和分析的产品与服务，在 PaaS 层提供工业服务引擎、面向软件定义制造的流程引擎、大数据分析引擎、仿真引擎和人工智能引擎等工业 PaaS 服务，以及面向开发者的公共服务组件库和 200 多种 API 接口，支持各类工业应用快速开发与迭代。东方国信的 BIOP 工业互联网平台，其工业 PaaS 层集成了工业微服务、大数据分析、应用开发等功能，工业 SaaS 层面向工业各环节场景向平台内租户提供工业领域通用、专用，以及基于大数据分析的云化、智能化工业应用及解决方案服务。阿里巴巴的阿里云 ET 工业大脑平台，依托阿里云大数据平台，建立产品全生命周期数据治理体系，通过大数据技术、人工智能技术与工业领域知识的结合实现工业数据建模分析，有效改善生产良率、优化工艺参数、提高设备利用率、减少生产能耗、提升设备预测性维护能力。

三、全球数据安全视角下的工业互联网数据安全总体态势分析

（一）新冠肺炎疫情期间数据安全备受全球关注，我国坚持安全使用大数据抗击疫情

一是以防疫抗疫为诱饵触发的数据安全事件多发。新冠肺炎疫情的暴发，导致多国停工停业，而黑客却忙得不亦乐乎。例如，2020 年 2 月，印度 APT 黑客组织利用新冠肺炎疫情相关题材作为诱饵文档进行鱼叉式攻击，以窃取敏感信息为主，医疗领域成为此次攻击的最大受害者。此外，涉防疫医疗物资购买、航班行程退改签等诈骗新手法、新套路层出不穷，境内网站报道了多起涉新冠肺炎疫情的数据安全事

件，主要是医疗数据和个人信息遭到泄露、超范围共享、被盗用等。

二是全球新冠肺炎疫情期间数据安全措施呈现非授权使用、个人明示同意、跨境共享等多元化特征。多国在新冠肺炎疫情期间为医疗数据、个人信息的收集、使用、披露安全制定了临时规则。2020 年 3 月，美国卫生与公共服务部（HHS）发布公告，在公共卫生紧急状态期间，无须 COVID-19 患者授权即可将其健康信息共享给相关执法机构和公共卫生部门。2020 年 4 月，美国国会引入《COVID-19 消费者数据保护法案》《公共卫生紧急情况隐私法》两项隐私立法提案，旨在通过追踪技术有效防控 COVID-19 的同时，加强对消费者个人健康信息和数据的安全保护，并要求相关机构在收集、使用、披露相关信息之前取得用户的明示同意。欧洲数据保护委员会（European Data Protection Board，EDPB）发布了《在 COVID-19 暴发期间用于科学研究的健康数据处理准则》，阐明了透明性、目的限制、数据最小化等数据保护原则，提出允许相关健康数据跨境传输，以加强新冠肺炎疫情防控的全球合作。

三是我国利用大数据抗击新冠肺炎疫情的同时关注个人信息保护。习近平总书记强调，"要鼓励运用大数据、人工智能、云计算等数字技术，在疫情监测分析、病毒溯源、防控救治、资源调配等方面更好发挥支撑作用"。工业和信息化部等政府部门协同合作，加强与企业联动，积极利用大数据技术手段加大新冠肺炎疫情防控力度。在阻击新冠肺炎疫情期间，《关于做好个人信息保护利用大数据支撑联防联控工作的通知》《国家卫生健康委办公厅关于加强信息化支撑新型冠状病毒感染的肺炎疫情防控工作的通知》《工业和信息化部办公厅关于做好疫情防控期间信息通信行业网络安全保障工作的通知》等文件发布，对个人信息保护提出要求。

（二）全球数据安全威胁严重，工业互联网数据安全形势严峻

一是针对数据层面的攻击方式新型多样。以暴力破解凭证、勒索攻击、撞库攻击、漏洞攻击等方式威胁数据安全的网络攻击日益增多，尤其是勒索攻击呈现目标多元化、手段复杂化、解密难度大、索要赎金高、危害估量难等特征，成为工业互联网数据安全的重大威胁。专门从事勒索软件响应服务的Coveware公司称，2020年第一季度企业平均勒索赎金支付增加至111605美元，比2019年第四季度增长了33%，目前勒索软件主要的攻击传播方式仍以远程桌面服务和钓鱼邮件为主。据Verizon发布的《2020年数据泄露调查报告》统计，因黑客攻击引发数据泄露的事件占所有数据泄露事件的45%。2020年以来，发生了多起工业互联网数据安全事件，如2020年4月，SpaceX、特斯拉、波音等公司的军事装备等机密文件被勒索加密；葡萄牙跨国能源公司EDP遭勒索攻击，其10TB的敏感数据文件流出。2021年5月7日，美国最大的燃油管道公司Colonial遭遇勒索软件网络攻击，致使整个管道系统关闭。该攻击事件迫使Colonial关闭了向人口稠密的东部各州供油的关键燃油网络。

二是数据窃取、网络黑市数据交易等现象层出不穷。据美国安全情报供应商Risk Based Security公布的数据显示，2020年第一季度年发生的1196起数据泄露事件共暴露了84亿条数据，泄露的数据量同比增长了273%。当前，暗网数据交易、精准诈骗、撒网式诈骗等网络犯罪活动十分猖獗，已经成为大规模有组织的犯罪集团，甚至是有国家背景的黑客团体的重要"发财"方式。2020年6月，威胁情报机构Cyble表示，约有2000万中国台湾人民的个人敏感数据已出现在暗网市场上，包含个人姓名、邮政地址、电话号码、身份ID等。

三是制造业等领域的工业互联网数据已成为重点攻击对象。据

Verizon 发布的《2020 年数据泄露调查报告》统计，全球数据泄露事件多达 3950 起，同比增长 96%，受影响行业中排名前三的依次为医疗保障业、金融保险业和制造业，面向制造业的数据安全攻击动机也由间谍活动向追求财富转移，与经济利益相关的制造业数据泄露事件数量占比高达 73%。随着工业企业上云、工业 App 培育等工作的持续推进，部分工况、产能信息等海量工业数据向云平台汇聚，存储状态由离散变为集中，逐渐形成高价值的数据资源池，这些工业数据将日益成为不法分子牟取利益的攻击窃密目标。

(三) 数据安全风险点增多，工业互联网数据安全防护面临挑战

一是工业领域互联开放趋势下数据安全风险加大。随着越来越多的工业控制系统与互联网连接，传统相对封闭的工业生产环境被打破，病毒等威胁从网络端渗透蔓延至内网系统，存在内网大范围感染恶意软件、高危木马等潜在安全隐患，黑客可从网络端攻击工业控制系统，甚至通过攻击外网服务器和办公网实现数据窃取。此外，工业主机、数据库、App 等存在的端口开放、漏洞未修复、接口未认证等问题，都成为了黑客便捷入侵的攻击点，可造成重要工业数据泄露、财产损失等严重后果。

二是数据全生命周期的安全防护面临挑战。从数据采集看，由于不同工业行业、企业间的数据接口规范、通信协议不完全统一，数据采集过程难以实施有效的整体防护，采集的数据可被黑客注入脏数据，从而破坏数据质量。从数据传输看，工业数据实时性强，传统加密传输等安全技术难适用。工业互联网数据多路径、跨组织的复杂流动模式，导致数据传输过程难以追踪溯源。从数据存储看，缺乏完善的数据安全分类分级隔离措施和授权访问机制，存储数据存在被非法访问、窃取、篡改等风险。从数据使用看，工业互联网数据的源数据呈现多

维异构、碎片化特征，传统数据清洗与解析、数据包深度分析等措施的实施效果不佳。

三是新一代信息技术应用带来新的数据安全风险。云环境下越来越多的工业控制系统、设备直接或间接地与云平台连接，网络攻击面显著扩大，单点数据一旦被感染，就可能从局部性风险演变成系统性风险。信息技术与制造业融合发展，推动工业数据急剧增长，海量工业数据的安全管理和防护面临挑战。人工智能、5G、数字孪生、虚拟现实等新技术应用都会引入新的数据安全风险。

（四）数据安全治理日趋严格，工业互联网数据安全保护和监管提上日程

一是国外加强个人隐私保护法规政策的制定。据统计，目前全球有130余个国家和地区制定了专门的个人信息保护法。2020年以来，多国纷纷加强个人隐私保护，例如，处于脱欧过渡期中的英国在其《数据保护法》的支持下根据欧盟《通用数据保护条例》（*General Data Protection Regulation*，GDPR）进行数据管理，日本通过了修订版的《个人信息保护法》，新西兰发布了《个人数据保护法（修订）》草案等。美国参议院相继提出《数据隐私法案》《隐私权利法案》《通知隐私披露法案》等，进一步要求企业落实隐私保护责任，强化个人隐私权利。2020年1月1日起正式生效的美国《加利福尼亚州消费者隐私法案》（CCPA），在消费者隐私保护和数据安全保护领域获得了重大关注。

二是发达国家数据跨境安全监管升级。数据跨境流动已成为当前国家和地区间政策博弈最为复杂的领域之一，2019年年底，美国参议员提出《国家安全和个人数据保护法案》，明确禁止美国公司在中国和俄罗斯及其他可能对美国国家安全构成威胁的国家境内存储数据，同

时限制在美国境内工作的其他国家公司收集有关美国公民的个人数据。欧洲数据保护委员会于 2019 年 11 月发布《GDPR 域外适用指南》，加强欧盟国家数据跨境安全监管，保护欧盟数据主体的权利。2020 年 7 月，澳大利亚政府服务部长 Stuart Robert 在国家新闻俱乐部的演讲中宣布了新的数据主权规则，加强了数据本地化管理，该新的数据主权规则包括是否应宣布某些公众关注的数据集为主权数据集（Sovereign Datasets），这些数据只能由澳大利亚境内受认可的澳大利亚数据中心托管，且只能由澳大利亚政府和澳大利亚的服务提供商访问。2020 年 9 月，爱尔兰隐私监管机构要求 Facebook 停止将其欧洲用户的数据转移到美国。

三是工业互联网数据安全保护实践不断加强。欧洲国家在工业数据保护方面起步较早，2020 年 2 月，欧盟委员会发布《欧洲数据战略》，从构建跨部门治理框架、加强数据投入、提升数据素养和构建数据空间（包括工业数据空间）方面提出四大支柱性战略措施。2019 年 11 月，欧洲共同利益重要项目（IPCEI）战略论坛发布《加强面向未来欧盟产业战略价值链报告》，提出建立欧洲可信数据空间。美国工业互联网联盟也开始关注数据安全，2019 年 7 月发布《工业互联网数据保护最佳实践白皮书》，结合工业互联网安全框架，以及 IEC 62443、IEC 61508 等工控安全标准，提出工业互联网数据在安全性、完整性和隐私性方面的安全保护措施。我国网络安全界、工业界正在积极探索工业数据保护实践，提出采用"零信任架构"保护工业互联网数据安全等措施。

（五）数据安全技术创新迎来机遇，工业互联网数据安全产业发展加快

一是数据安全新技术、新产品、新模式不断涌现。在以全球网络安全产业风向标著称的 RSA 2020 大会中，数据安全、隐私保护等议题成为热点。近年来，初创公司为数据安全解决方案吹起了一股新风，RSA 2020 大会的创新沙盒环节由专注于数据隐私保护与合规的创业公司 SECURITI.ai 摘得桂冠，该公司提出了敏感数据发现、客户维度数据管理、数据溯源，以及自动化合规监测四项合规技术能力，有效解决了企业面临的典型数据合规问题。

二是涉足数据安全的企业日渐增多。一方面，网络运营者着手建设数据保护能力，如西班牙电信推出了云数据存储服务，解决了数据存储安全、文件共享隐私保护等问题；英国电信发布新的安全数据分析服务，帮助企业收集、管理和评估大数据集；美国电信运营商 Verizon 定期对外公布数据泄露调查报告，并通过企业云平台加强数据保护；日本运营商 NTT DoCoMo 正在规划用户隐私保护。另一方面，信息技术、咨询等行业企业将数据安全作为重要业务增长点，微软、IBM、思科、甲骨文、英特尔、华为等 ICT 公司都构建了数据安全产品线和服务体系；德勤、安永、普华永道、毕马威、埃森哲等大型咨询服务公司纷纷将数据安全业务视为业务增长的重要引擎；美国 Imperva、Symantec、Forcepoint 等安全企业不断迭代更新自研的数据安全产品和服务。

三是工业互联网数据安全产业始露苗头。在工业互联网领域，目前企业等相关方对数据安全的需求挖掘不够充分，基本没有面向工业互联网数据安全领域的成熟产品和服务，工业互联网数据安全市场雏形尚未形成。近 3 年，工业互联网安全市场逐渐升温，工业互联网安全市场规模将不断扩大。而数据安全是工业互联网安全的重要组成，未来的工业互联网数据安全市场也将会随之加速发展。

四、我国工业互联网数据安全的现状与问题

（一）工业互联网数据安全工作加速推进

一是法规政策持续完善。近年来，我国数据安全立法进展显著、政策指导有力。例如，2021年6月10日，第十三届全国人大常委会第二十次会议审议通过了《中华人民共和国数据安全法》，自2021年9月1日起施行。之后又通过了《个人信息保护法》，从法律层面进一步强化了数据安全保障能力；工业和信息化部陆续发布了《工业数据分级分类指南（试行）》《关于工业大数据发展的指导意见》等政策文件，为开展工业数据分类分级、管理能力评估、有序共享、治理与防护等相关工作提供了政策指导。

二是标准研制不断加强。2020年4月，工业和信息化部发布《网络数据安全标准体系建设指南》（征求意见稿），提出到2021年，初步建立网络数据安全标准体系，进一步加强落实网络数据安全管理要求。科研单位和企业积极合作开展标准研制工作，如2019年，《信息安全技术 数据安全能力成熟度模型》（GB/T 37988—2019）发布。2020年5月，由国家工业信息安全发展研究中心牵头起草的《工业互联网数据安全防护指南》在全国信息安全标准化技术委员会大数据安全标准特别工作组中作为国家标准研究项目立项，该指南将"技管结合、动静相宜、分类施策、分级定措"作为工业互联网数据安全防护的总体思路，从安全防护通用要求、分类安全防护要求、分级安全防护要求3个维度提出工业互联网数据安全防护框架（见图5-1），为工业互联网企业开展数据安全防护能力建设提供指导和参考。

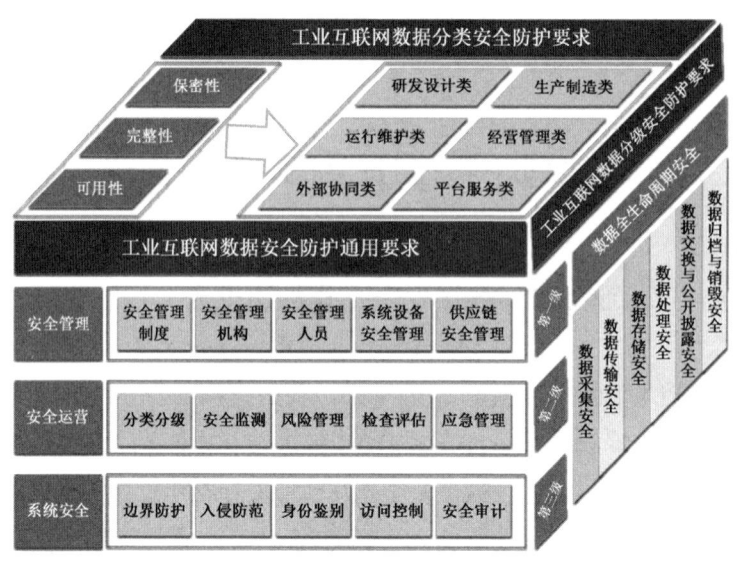

图 5-1 工业互联网数据安全防护框架

三是能力建设取得实效。依托工业互联网创新发展工程等项目，产学研用各方纷纷合作建设工业互联网数据安全相关技术能力。例如，国家工业信息安全发展研究中心牵头建设的国家级工业互联网数据安全监测与防护平台，已具备工业互联网数据安全跨境分析、风险预警、威胁溯源、路径跟踪、防护处置、安全评估等技术与服务能力，建立工业互联网数据智能分类分级、工业数据特征识别、敏感数据捕捉、数字水印、可信防护等技术手段。针对工业互联网时序数据的安全测试、仿真验证等技术与工具研发也在加快推进。业界相关单位正积极探索建立针对工业互联网数据的安全技术手段。

（二）工业互联网数据安全风险突出

一是数据跨境存在风险隐患。2020 年 9 月，国家工业信息安全发展研究中心建设的国家工业互联网数据安全监测与防护平台就监测发现了多起数据跨境、数据泄露等事件，涉及钢铁、石油天然气、装备制造等行业，其中不乏研发设计、生产制造等工业互联网数据。在当前经济全球化、数字化等趋势加快的背景下，数据出境越发频繁，重要数据的跨境安全亟须加强。此外，工业互联网数据跨系统、跨平台、跨行业、跨地域交互流动，数据流动路径变得尤为复杂，跨境数据的风险溯源追踪难度加大。

二是平台企业、工业企业等数据安全风险加剧。一方面，我国电子商务平台、网络社交平台、工业互联网平台等的建设和应用走向深入，原本分散存储的个人信息数据、金融数据、生产经营数据等逐渐向平台汇聚，形成数据的"蜜罐效应"，自然成为黑客青睐的攻击目标；另一方面，我国工业 App、工业控制系统及设备等漏洞层出不穷，仅 2020 年上半年，国家工业信息安全发展研究中心收集研判的工业信息安全相关漏洞超 800 个、高危漏洞近 500 个，在全部漏洞中的占比高达 61.7%，这些漏洞极易被黑客利用，严重威胁装备制造、能源、水务、化学化工等领域的工业控制系统安全及设备安全，进而可引发数据泄露等风险。

（三）工业互联网数据安全问题分析

1. 全局性、战略性数据安全意识薄弱

一是数据安全管理思路不明确。工业互联网数据安全的管理体系还未健全，主管部门、工业企业、工业互联网基础设施运营单位、工业互联网平台企业等多方主体在保护工业互联网数据安全方面的权责义务还不够清晰，因此难以有效落实工业互联网数据安全保护要求。

二是数据安全管理落地实践滞后。随着工业企业信息化的普及及工业互联网的快速发展，工业企业对于数据安全管理重要性的认识逐

步提高，但实际落地情况却不尽如人意，大多企业从事项目级别的数据管理工作，全局性、整体性、战略性的数据意识普遍薄弱，多数企业尚未制定数据管理和安全相关的战略规划，数据安全管理尚未成为信息化的常规性、基础性工作。

2. 数据安全治理与分级防护能力不足

一是数据安全治理体系不完善。企业对于数据安全治理的重视程度和治理力度不足，数据安全治理需求不明晰、数据安全治理主流技术手段不够成熟、数据资产分类分级安全管理和隐患排查不到位、对数据安全治理的有效跟踪和审计缺乏等问题普遍存在。

二是数据分级防护不到位。工业互联网企业在面对海量的工业互联网数据及多样的数据汇聚、交换共享时，基本尚未开展针对性的数据分类分级和分级防护工作，传统的数据安全防护通常是"一刀切"地根据数据所在系统的级别进行等级保护，并未专门针对数据开展分级防护。

3. 针对性数据安全技术手段欠缺

一是数据安全核心技术严重不足。国内数据安全层面的技术手段尚未成熟，大多从系统防护角度进行数据保护，传统数据安全防护技术适用性不足，缺乏关键技术产品。因为工业互联网数据安全的可信防护、轻量级加密、数据脱敏、数据溯源、数据可信安全交换共享等关键技术还不成熟，所以相关技术攻关面临重大挑战。

二是数据安全技术保障能力较弱。工业互联网数据安全风险发现、实时告警、防护处置等能力建设还须进一步提升，覆盖全国主要省（市、区）的工业互联网数据安全监测与防护体系尚未建立，企业侧工业互联网数据安全监测节点部署数量较少，企业级、地区级、国家级上下联动的数据安全保障机制不完善。

4. 数据安全可信交换共享不充分

一是数据要素资源有效配置确权定价难。有效的数据价值和成本的计量方法仍处于探索研究期，数据仍是大部分企业生产经营的附属产物，难以将数据价值和成本从业务中剥离，并通过市场直接定价。数据所有权、使用权、管理权、交易权等权益没有被相关的法律充分认同、明确界定和完全保护，数据确权定价相关的制度、标准和技术等都亟须突破。

二是数据安全可信交换共享服务模式尚未成熟。工业互联网数据流通共享需求不断加大，但目前还缺乏成熟的工业互联网数据安全交换、安全共享、安全交易、安全下载、安全赋能等服务方式和商业模式。同时，传统工业互联网平台大部分是单向汇聚的中心化模式，难以适应工业互联网扁平化的数据安全交换共享需求，而专门面向工业互联网数据提供安全可信交换共享服务的公共服务平台尚属空白。

五、工业互联网数据安全关键技术应用

（一）从系统防护角度实施的数据安全技术措施

传统数据安全措施多以系统为中心，以加强系统安全来保护数据的思路为主，从网络系统的视角来实现各种数据安全技术措施，包括通过边界防护、身份认证、访问控制、入侵检测等系统防护技术保护数据完整性、保密性、可用性。

一是以分区分域、网络隔离等边界防护措施保护数据安全。工业

控制系统及设备越来越多地采用通用协议和通用软硬件,并以各种方式与企业网或互联网连接,使得其他网络的安全风险很容易渗透到工业生产网中。与此同时,如果工业生产网内部各业务单元之间未采取边界防护措施,那么一旦某个业务单元遭受病毒感染或恶意攻击,将可能蔓延至整个工业生产网,造成严重后果。因此,在不同网络边界之间应部署边界防护设备,实现安全访问控制,阻断非法网络访问。工业生产网内部根据各功能区的数据访问需求及安全防护要求进行分区分域,在不同的安全域边界部署工业防护墙,防止越权访问和各功能区之间的病毒感染。对于有数据双向交换,并对数据实时性要求高的生产网边界与其他网络边界,如工业控制网边界与企业网边界,部署专业的工业防火墙,限制允许通过边界的流量类型、协议类型、端口类型等。对于只允许数据单向传输,需要完全逻辑隔离的生产网边界与其他网络边界,一般部署工业网闸,从物理层面阻断反向通信。对于具备特定行业特点、软件定制化程度高的企业,可结合其工业生产对业务连续性的特别需求,采取逻辑隔离手段,在生产网和管理网之间部署定制化的边界安全防护单向网关。

二是按需灵活采用身份认证措施保护数据安全。身份认证的目的是确认操作者身份的合法性,确定该用户是否具有对某些数据的访问权限或使用权限,使系统的访问策略、操作行为合规合法。如果身份认证机制失效,易出现身份冒认、非法访问等行为,进而对工业生产的正常运行造成威胁。常见的身份认证方式包括以下 5 种:①静态口令,用户名与对应的密码相匹配后进行登录;②智能卡,运用专门的 IC 卡对用户进行认证后登录;③USB Key,是集智能卡与读卡器于一体的 USB 设备,用户只能通过厂商编程接口访问数据;④动态验证,包括验证码、动态口令等;⑤生物特征识别,包括指纹识别、虹膜识别、声音识别、人脸识别等。由于工业互联网相比于传统互联网实时响应要求高,一般来讲,工业互联网数据安全优先级为可用性>完整性>保密性,由此可见,身份认证技术对于数据保护十分重要。由于工互联网中存在较多的工业控制系统，可结合各认证方式的优缺点和适用性，以业务风险管理为导向，采用分类分级的思想，灵活使用身份认证机制。例如，对于承载低安全性数据的系统可采用静态口令的认证方式；对于承载高安全性数据的系统可采用 USB Key 方式进行认证；对于承载更高安全性数据的系统可采用双因素认证，即静态口令认证机制和 USB Key 认证机制结合的方式。

三是基于业务实际自主选择访问控制策略保护数据安全。访问控制是指主体依据某些控制策略或权限对客体或其资源进行的不同授权访问，限制对关键资源的访问，防止非法用户进入系统及合法用户对资源的非法使用。访问控制是保护数据安全的核心策略，为了有效控制用户访问数据存储系统，保证数据的使用安全，可授予每个系统访问者不同的访问级别，并设置相应的策略保证合法用户获得数据的访问权。常见的访问控制模式包括自主访问控制、强制访问控制、基于角色的访问控制、基于属性的访问控制。工业互联网企业根据数据类型及安全级别，可选择不同的访问控制模型。对于工业控制系统，监控层、控制层可通过用户和/或用户组对操作员站和工程师站的文件及数据库表、共享文件、组态数据的自主访问控制，实现用户与数据的隔离；设备层可通过用户和/或用户组对控制系统的组态数据、配置文件等数据的自主访问控制，或基于角色的访问控制模型，表明主、客体的级别分类和非级别分类的组合，按照基于角色的访问控制规则实现对主体及其客体的访问控制，使用户具备自主安全保护的能力。同时，越来越多的工业企业将其内部数据存放在工业互联网平台中，以降低公司的运行成本，如何保障工业互联网平台中的数据不被其他租户非法访问、确保数据的安全性成为企业用户关心的问题。访问控制是实现数据受控访问、保护数据安全的有效手段之一。通过建立统一的访问机制，限制用户的访问权限和所能使用的计算资源和网络资源，实现对工业互联网平台重要资源的访问控制和管理，防止非法访问。对于平台 IaaS 层，可根据管理用户的角色分配权限，实现管理用户的权限分离，仅授予管理用户需要的最小权限；可在（子）网络或网段边界部署访问控制设备，或通过安全组设置访问控制策略；可根据会话状态信息为数据流提供明确的允许/拒绝访问的能力；可在虚拟机之间、虚拟机与虚拟机管理平台之间、虚拟机与外部网络之间设置一定的访问控制安全策略。对于平台 PaaS 层，可由授权主体设置访问控制策略，并严格限制默认用户的访问权限；可按安全策略要求控制用户对业务、数据、网络资源等的访问。对于平台 SaaS 层，可严格限制用户的访问权限，按安全策略要求控制用户对业务应用的访问；限制应用与应用之间相互调用的权限，按照安全策略要求控制应用对其他应用中用户数据或特权指令等资源的调用；设置登录策略，提高防范账户被暴力破解攻击的能力。

四是采取集行为分析、权限监控等于一体的安全审计措施保护数据安全。数据安全审计是指对数据的访问等行为进行审计，判断这些行为过程是否符合制定的安全策略。在数据安全治理中，数据安全审计是一项关键能力，能对数据操作进行监控、审计、分析，及时发现数据异常流向、数据异常操作行为，并进行告警。数据安全防护需要通过审计来掌握数据面临的威胁与风险变化，明确防护方向。在工业互联网场景下，数据安全可借鉴数据安全治理过程中的关键能力——数据安全审计与稽核，从行为审计与分析、权限变化监控、异常行为分析 3 方面来掌握数据安全威胁与风险；行为审计与分析，包括利用数据库协议分析技术将所有访问和使用数据的行为全部记录下来，包括账号、时间、IP、会话、操作、对象、耗时、结果等内容，并在出现数据安全事件时具备告警能力，在数据安全事件发生后，可通过审计机制追踪溯源；权限变化监控，指监控所有账号权限的变化情况，包括账号的增加和减少、权限的提高和降低，可有效抵御外部提权攻击，防止内部人员私自调整账号权限进行违规操作等行为；异常行为分析，在安全稽核过程中，除了明显的数据攻击行为和违规的数据访问行为，很多的数据入侵和非法访问都掩盖在合理的授权下，因此需要通过数据分析技术对异常行为进行发现和定义，可采取通过人工分析完成异常行为的定义、对日常行为进行动态的学习和建模等方式实现。工业互联网平台的安全审计主要指对平台中与安全有关的活动的相关信息进行识别、记录、存储和分析。工业互联网平台汇集了企业内外部多方重要的敏感数据，为保证数据安全，须具备数据审计等功能，对输出的数据内容进行安全审计，审计范围包括数据的真实性、一致性、完整性、归属权、使用范围等，并贯穿数据输出、存储和使用等全过程，实现对平台数据安全状况的持续、动态、实时的安全审计，并可面向用户提供安全审计结果。

（二）工业互联网数据安全技术发展趋势

一是工业互联网数据加密技术向轻量级、密文操作、透明加密等方向发展。数据加密是指通过特定加密算法，将可识别的明文转变成密文的过程，使用加密处理可以保护数据不被窃取、篡改等，从而实现数据的机密性、完整性、可用性、不可抵赖性。数据传输等过程面临数据窃听、窃取、拦截等安全风险，应确保数据的机密性和完整性，目前的普遍做法是利用加密技术实现数据的安全传输，如根据已发布的 SM4 等商用密码算法标准，对数据进行加密处理后再传输，相关技术包括基于属性的加密技术、同态加密技术、代理重加密技术、可搜索加密技术等。另外，也可采用虚拟专用网络（VPN）建立数据传输安全通道，将待传输的原始数据进行加密和协议封装处理后，再嵌套装入另一种协议的数据报文进行传输，相关安全协议包括 SSL 协议、IPSec 协议等。当前，工业互联网数据内部传输和存储、外部共享、上云上平台等过程都有数据加密需求，数据加密技术须考虑工业互联网场景下数据实时性、稳定性、可靠性等特殊要求，尽可能地使用轻量级的加密技术，以减少密码对计算、网络、存储等资源的消耗。同时，面对大规模、复杂的加密的工业互联网数据，频繁地加密和解密存在占用带宽、耗时耗力等问题，且对密文的检索、使用等需求不断增加，因此密文直接可操作技术也是亟须突破的技术。透明加密是一种以密码技术为基础的数据加密方案，该技术的核心在于解决数据加密防护和密钥管理引起的数据处理效率低、系统部署和应用困难，以及工具改造的代价高等问题，同时减小对数据自动化运维的影响。透明加密技术完全由系统自行实现，所有保存在硬盘环境中的文件均为加密状态，只有在用户读写的过程中才会进行解密，以明文形式呈现给用户。

二是工业互联网数据脱敏技术向动静结合脱敏、敏感字段定向脱敏、数据智能脱敏等方向发展。数据脱敏又被称为数据去隐私化或数据变形，是在给定的规则、策略下对敏感数据进行变换、修改的技术机制。数据脱敏在进行敏感信息交换的同时还需要保留原始的数据特征或脱敏后数据处理所需的必要信息，授权的管理者或用户只有在特定的情况下才可通过应用程序与工具访问数据的真实值。数据脱敏通常包括脱敏目标确认、脱敏策略制定和数据脱敏实现 3 个阶段，按照作用位置、实现原理的不同，数据脱敏实现可以分为静态数据脱敏（SDM）和动态数据脱敏（DDM），其中 SDM 通常用于开发或测试中的数据集而不是生产中的数据集，而 DDM 通常用于生产环境，在敏感数据被低权限个体访问时才对其进行脱敏，并能够根据策略执行相应的脱敏方法。工业互联网数据涵盖设计、研发、工艺、制造、物流等产品全生命周期的各类数据，存在大量敏感数据。在数据开放共享的大背景下，工业互联网数据流动共享是推动工业互联网发展的主要动力，是工业互联网数据核心价值体现的关键环节，工业互联网数据跨部门、跨企业、跨地域流动共享使用逐渐成为常态，其中涉及的重要敏感数据须在流动共享前采用数据脱敏技术等进行处理，确保数据安全共享和使用。而工业互联网数据的脱敏技术需要适应大流量、高速流动、实时交互等需求，市场上已有一些能够自动识别敏感数据并匹配推荐脱敏算法的数据脱敏工具，随着机器学习技术的应用，集敏感数据自动化感知、脱敏规则自动匹配、脱敏处理自动完成等能力于一体的数据智能脱敏技术将成为新趋势。

三是工业互联网数据溯源技术向信息隐藏、定位精准、跨组织追踪等方向发展。溯源技术是一种溯本追源的技术，根据追踪路径重现数据的历史状态和演变过程，实现数据历史档案的追溯。目前的数据溯源技术主要包括标注法和反向查询法。标注法通过记录和处理相关信息来溯源数据的历史状态，并让标注和数据一起传输，通过查看目标数据的标注来获得数据溯源，但是标注法不适用于细粒度的数据溯源，特别是大数据集中的数据溯源。反向查询法是通过逆向查询或构造逆向函数对查询求逆，不需要对源数据和目标数据进行额外标注，只在需要数据溯源时才进行计算。这两种溯源思想适用于关系数据库、科学工作流、大数据平台、云计算和区块链等应用场景。其中典型的数据库溯源技术主要指数据库指纹技术，常见的数据库指纹技术大多基于数据库水印算法进行设计和改进。工业互联网数据采集阶段重点关注如何自动生成正确的元数据及保证其可追溯性，此时数据溯源显得尤其重要。工业互联网平台汇集了企业内外部多方敏感数据，工业互联网数据多路径、跨组织的复杂传输流动模式跨越了数据控制者和安全域，为保证数据安全，数据溯源应贯穿数据存储、使用、共享等全过程，跨系统、跨组织的数据追踪溯源技术将成为未来研究方向。

四是安全多方计算向数据可信交换、隐私保护等应用方向发展。安全多方计算（Secure Multi-party Computation，SMPC）能够解决一组互不信任的参与方之间隐私保护的协同计算问题，具有输入的独立性、计算的正确性、去中心化等特征，能在不泄露原始数据的前提下为数据需求方提供多方协同计算的能力，同时为需求方提供经各方数据计算后的整体数据画像，因此能够在数据不离开数据持有节点的前提下，完成数据的分析、处理和结果发布，并提供数据访问权限控制和数据交换的一致性保障。安全多方计算主要通过同态加密、混淆电路、不经意传输和秘密共享等技术，保障各参与方数据输入的隐私性和计算结果的准确性。安全多方计算的主要适用场景包括联合数据分析、数据安全查询、数据可信交换等。安全多方计算对于大数据环境下的数据机密性保护有独特的优势，在工业互联网数据共享和隐私保护中具有重要意义，多用于跨企业、跨行业的数据流通。使用安全多方计算技术可实现多方数据之间可信的互联互通，保证数据查询方仅得到查询结果，但对数据库其他记录信息不可知，同时改进已有的数据分析算法，通过多方数据源协同分析计算的方式保障敏感数据不被泄露。

五是差分隐私保护适用于数据量大、数据类型多、数据价值高等特殊场景。工业企业通过工业互联网进行数据统计分析、挖掘数据价值的同时，对隐私保护带来了安全挑战，差分隐私（Differential Privacy, DP）技术由于无须假设攻击者能力或背景知识，安全性可通过数学模型证明，能够在保证数据可用性的同时保护个人隐私，可应用于数据发布、数据挖掘、推荐系统等。其过程是通过对真实数据添加随机扰动，并保证数据在被干扰后仍具有一定的可用性来实现的，既要使保护对象数据失真，又要保持数据集中的特定数据或数据属性（如统计特性等）不变。差分隐私可以通过拉普拉斯机制、指数机制和几何机制等实现，较常见的是通过拉普拉斯机制对数据汇聚结果添加根据全局敏感度校准后的拉普拉斯噪声实现差分隐私。差分隐私技术可分为中心化差分隐私技术和本地化差分隐私技术，中心化差分隐私技术将原始数据集中到一个数据中心，然后发布满足差分隐私的相关统计信息，该技术适用于数据流通环节中的数据输出场景，目前中心化的差分技术研究主要围绕基于差分隐私的数据发布、面向数据挖掘的差分隐私保护，以及基于差分隐私的查询处理等方向展开；本地化差分隐私技术将数据的隐私化处理过程转移到每个用户上，在用户端处理和保护个人敏感信息，该技术适用于数据流通环节中的数据采集场景，目前，本地化差分技术在工业界已得到运用。在工业领域中，当数据量较大且数据维数较低时，可优先使用差分隐私技术保护用户数据；

数据的使用者众多时，可使用差分隐私技术对用户的数据进行保护，以应对具有任意知识背景的攻击者；对于重要的敏感数据，可通过差分隐私技术对数据进行处理后，提供给数据需求方使用。同时，差分隐私保护独立于底层数据结构，并兼容多种数据类型，适用于工业互联网中存在结构化、非结构化，以及半结构化等多种数据形式的现实情况。但从实际应用看，针对不同的应用场景特性，符合不同行业规范和处理分析需要的隐私保护算法及应用实现还须进一步研究。

六是流量识别技术保障工业互联网数据全流程安全监测与防护。流量识别技术主要通过对采集到的网络数据进行分析或解析，确定各个数据流的业务及数据类型等内容。目前，流量识别的方法主要包括基于网络端口映射的流量识别方法、基于有效载荷分析的流量识别方法、基于流量行为特征的流量识别方法、基于机器学习的流量识别方法 4 类。基于网络端口映射的流量识别方法通过将相关的网络协议或在通信时使用的端口号规则与网络数据包的源端口号和目的端口号映射，识别不同的网络应用。在工业现场，网络环境相对较为封闭，网络中可连接的设备、服务、拓扑结构等都是已知的，基本不会出现大量未知的新应用，已知服务的端口号变更情况也是可获取的，基于网络端口映射的流量识别技术可保证报文的覆盖率和识别率。基于有效载荷分析的流量识别方法通过分析网络数据包的有效载荷是否与特征识别库相匹配来确定网络流量类别，该方法须预先建立网络流量的应用层特征识别规则库，并通过分析有效载荷中的关键控制信息来验证其是否与规则库中的某一特征识别规则相匹配，进而确定该网络流量类型。在工业网络中，常见的工业协议的指纹特征长度较短，即用来识别的负载特征较短，例如 OPC、Modbus、IEC 104 等协议，可以用来作为指纹特征的字段长度不多于两个字节，如果使用基于报文负载特征的流量识别技术，将带来较高的误报率。但是，当使用基于网络端口映射的流量识别技术无法识别协议时，可使用报文负载特征的流量识别技术来区分它们。基于有效载荷分析的流量识别方法主要采用深度包检测（DPI）技术和深度流检测（DFI）技术，DPI 技术是目前较为准确的一类流量识别方法，在工业界应用广泛，也是部署高速网络环境的最佳选择。随着工业云平台、工业 App 等工业应用场景的增多，工业互联网数据安全监测与防护需求增强，催生了以流量识别技术为基础的网络流量分析（Network Traffic Analysis，NTA）技术，其包括深度包检测、协议识别与还原、大数据采集和分析、安全检测引擎、漏洞挖掘和分析、渗透及攻防等技术，面向智能化生产、网络化协同、个性化定制和服务化延伸等网络交互场景，进行基于流监测的数据安全防护，支撑工业流量采集、工业协议识别和解析、工业敏感数据违规传输监测、工业数据泄露监测、数据安全事件监测、数据安全威胁溯源分析等具体应用场景。为了应对工业互联网的新兴技术和纷繁复杂的应用，面向工业互联网私有协议、加密协议的未知协议识别技术、加密流量识别技术也将是未来发展方向。

七是建立数据灾备机制，保障工业互联网数据安全与业务连续性。容灾备份是通过在本地或异地建立和维护备份存储系统，利用地理上的分离来保证系统和数据对灾难性事件的抵御能力。根据容灾系统对灾难的抵抗程度，可分为数据容灾和应用容灾。数据容灾指建立异地的数据系统，对本地系统关键应用数据进行实时复制。应用容灾比数据容灾层次更高，即在异地建立一套完整的、与本地数据系统相当的备份应用系统。在工业互联网数据安全方面，应建立工业互联网数据灾备机制，一般应根据备份/恢复数据量大小、应用数据中心和备援数据中心之间的距离和数据传输方式、灾难发生时所要求的恢复速度、备援中心的管理及投入资金等因素，设计合适的容灾备份系统。

（三）新兴技术助力工业互联网数据安全技术创新

一是基于人工智能的数据安全技术。人工智能是工业互联网平台对海量工业数据进行分析与建模的关键技术。大数据智能是开启工业大数据应用价值的钥匙，机器学习、深度学习和监督学习是决定大数据应用价值高低的主要因素。通过这些人工智能技术，基于工业流程、行业知识、行业经验及生产工艺等构建数字化模型，利用这些模型可实现对制造业全生命周期的描述、分析、预测、决策，以指导现实工厂各项工作的精准执行。同时，能从全局视角提升对各种安全威胁的发现识别、理解分析、响应处置能力，全面、快速、准确地感知过去、现在和未来的安全威胁，提供安全决策与行动支持，保障工业互联网安全。对于工业互联网数据安全策略的制定，人工智能技术具备海量数据采集和分析能力，可根据训练模型进行自我学习并做出相应判断，基于人工智能的决策系统能大大提高工业互联网数据安全策略的时效性和合理性，在数据安全合规性要求、风险管理策略、分类分级防护策略的制定等方面，利用人工智能技术可辅助相关人员快速、科学、合理地制定安全策略。对于工业互联网数据分类分级，可以通过应用机器学习、模式聚类、自然语言处理、语义分析、图像识别等技术，提取数据文件的核心信息，对工业互联网数据按照内容进行梳理，生成标注样本，经过反复的样本训练与模型修正，可以实现对数据自动、精准的分类分级。对于工业互联网数据安全防护，在数据分类分级的基础上，结合数据行业属性、敏感属性、工业属性、行为属性等特征，生成工业互联网数据特征库，利用人工智能技术实现重要敏感工业互联网数据的快速特征匹配；根据数据合规性规则智能生成脱敏特征库，并与敏感数据识别智能关联，实现智能发现和自动脱敏，形成敏感数据地图，有效降低敏感数据泄露风险；通过人工智能技术对工业互联网数据传输行为进行智能统计和关联分析，绘制数据流转动态图谱，有利于跟踪敏感数据流向、还原数据流动路径、分析数据安全态势。

二是基于区块链的数据安全技术。区块链基于共享账本、智能合约、机器共识、权限隐私等技术特征，通常应用在工业互联网中，有望提升工业制造各环节生产要素的智能配置能力，加强产业链上下游的网络协同。区块链能够完美地帮助工业互联网连接物理世界和虚拟世界，为"智能化"提供基础保障。区块链技术的核心价值在于其分布式的对等网络结构（P2P），数据存储、不可篡改的账本数据信息，以及基于密码学的身份证书。一方面，对于工业互联网平台应用，区块链在工业互联网数据安全方面有以下优势：可利用高冗余、分布式的数据存储技术保障平台数据的完整性；可利用密码学相关技术保障存储数据的不可篡改性和可追溯性；可利用身份管理功能对终端设备进行管理，防止终端设备遭到恶意攻击，从而造成数据污染。区块链技术在巩固工业互联网平台数据安全完整性、保密性的同时，也借助平台提供的海量分布式数据存储空间和强大的云计算能力，充分挖掘数据价值。另一方面，目前在工业互联网数据交换共享过程中面临的最大问题是信任鸿沟，现有的核心数据库技术架构几乎都运行在中心服务器之上，并不能处理数据价值转移和相互信任的问题。而区块链技术的发展和应用，有望成为下一代数据库架构技术，运用其去中心化信任的优点，在大数据技术的基础上将数字算法作为信用背书，实现全球互信。从目前我国的大环境来看，信用成本还较高，工业互联网等领域的信用环境也较弱，区块链技术为工业互联网数据交换共享提供了一种全新的信任体系解决方案，降低了信用成本问题，可基于区块链技术促进工业互联网数据交换共享过程的信用体系发展。

三是基于可信计算的数据安全技术。可信计算能够实现可信免疫、主动防护，确保数据可信、可控、可管。在可信计算环境下，以访问控制为核心，实行主体按策略规则访问不同等级的数据，确保全程处理可控；对重要信息采取加密等手段进行保护，非法用户只能拿到重要信息的密文，无法读取原始数据信息；实行系统资源管理，进行可信验证，使配置、代码信息不被篡改，并能自动纠错，阻止木马、病毒等恶意软件入侵；将攻击信息流有效分解，提高系统的健壮性和弹性，通过可信验证发现隐患，并能自动恢复，实现系统的高可靠性；

严格审计，及时记录数据违规操作信息，发现异常并进行跟踪，防止入侵者隐藏攻击痕迹。为了保障工业互联网安全，须构建安全的计算环境、可靠的安全传输数据机制，充分应用可信计算技术可保证运行的程序可信，数据的传输、存储和应用可信。从端侧——工业控制系统来看，可信计算建立了从工业控制系统的现场层到监控层，再到企业管理层的信任链，并对外部接入进行可信连接动态控制，使得工业控制系统整体上处于一个安全可用的可信环境；从云端互信来看，主要基于密码技术来建立可信根、安全存储和信任链机制，实现可信计算安全；从工业互联网平台安全来看，主要从可信接入边界、可信通信网络及可信云平台3个方面来应用可信计算。

四是基于零信任架构的数据安全技术。零信任的本质是以身份为中心进行动态访问控制，全面身份化是实现零信任的前提和基础。基于全面身份化，为用户、设备、应用程序、业务系统等物理实体建立统一的数字身份标识和治理流程，并进一步构筑动态访问控制体系，将安全边界延伸至身份实体。零信任架构认为一次性的身份认证无法确保身份的持续合法性，即便采用了强度较高的多因子认证，也需要通过持续认证进行信任评估。基于零信任架构实现可信访问，以安全与易用平衡的持续认证改进固化的一次性强认证，以基于风险和信任持续度量的动态授权替代简单的二值判定静态授权，以开放智能的身份治理优化封闭僵化的身份管理，满足了工业互联网中多方实体对数据可信访问的需求。零信任身份安全解决方案可有效解决传统基于边界的安全防护架构失效问题，构筑新的动态虚拟身份边界。在身份、环境、动态权限3个层面，缓解身份滥用、高风险终端、非授权访问、越权访问、数据非法流出等安全风险，建立了端到端的动态访问控制机制，极大地收缩了攻击面，为工业互联网数据安全建设提供理论和实践支撑。

六、工业互联网数据安全典型案例

（一）汽车及零部件行业工业数据智能安全云平台

1. 案例概述

某汽车集团目前已经开通涵盖汽车及零部件工业领域大数据存储管理与分析挖掘业务，可支持海量工业设备数据接入的大数据平台，获取了打通设计、制造、物流、售后、质量等各个领域的关键数据，并形成闭环，产生服务价值。该汽车集团积极推进企业级系统集成，实现生产和经营的无缝集成和上下游企业间的信息共享，开展基于横向价值网络的协同创新，在企业间的设计协同、制造协同方面逐步由原来的纸质信息传递，转变为以三维设计模型为核心的电子文件交换，在带来便利的同时也带来了商业秘密泄露、图纸数据随意篡改、电子文件残留等数据安全威胁。本案例针对工业设计数据面临的威胁，在工业互联网体系架构的基础上，应用基于工业控制系统的防护手段，构建了一套汽车及零部件行业工业数据智能安全云平台，确保了智能制造数据在集中管控的同时实现安全可靠管理，有效保护核心资产、知识产权及其他相关数据。

2. 典型安全问题

长期以来，汽车工业数据面临着各种风险，如企业对于核心数据保密意识不强、员工主动或被动泄密造成数据泄露、明文存储使得数据易被复制、越权访问带来数据篡改等问题。汽车及零部件行业企业间的设计协同、制造协同逐步由原来的纸质信息传递，转变为以三维设计模型为核心的电子文件交换，带来了商业秘密泄露、图纸数据随意篡改、电子文件残留等数据安全风险。

3. 解决方案

工业数据智能安全云平台是在工业互联网体系架构的基础上，应用基于工业控制系统的防护手段，针对工业设计数据面临的威胁，通过阅后即焚、安全云盘、数字签名、透明加密等功能，构建面向工业设计数据全生命周期安全管理的解决方案，确保汽车及零部件行业的智能制造数据在集中管控的同时实现安全可靠管理。工业数据智能安全云平台总体架构如图5-2所示。

图5-2 工业数据智能安全云平台总体架构

工业数据智能安全云平台使用"云+端+网"的一体化安全方案，并采用基于内容识别的数据加密、应用软件指纹识别、安全云存储等技术，通过终端数据安全防护、网络数据安全防护、云平台数据安全防护3方面的数据防护作用，为汽车及零部件行业企业间的高效协同提供一个安全平台，帮助供应链上下游企业搭建工业数据智能安全云平台，建立智能安全分发通道，在安全平台中打开的上下游图纸均可正常使用及应用，但是在非授权模式下脱离智能安全云环境的加密图纸无法正常使用，既保护了上游的知识产权，又提升了下游渠道的工作效率。

4. 部署方案

通过部署电子文件外出使用安全管控系统（见图5-3），实现对移动设备在外使用过程的全程保护，有效杜绝外出人员主动和被动的数据泄露。在企业外网搭建一套安全管控系统，采用终端授权、文档云中心、在线预览编辑、落地加密存储、安全认证、授信进程智能识别等技术，实现了外出移动设备的授权使用、安全认证，以及电子文件的便捷、高效、安全使用。

图5-3　电子文件外出使用安全管控系统拓扑图

（1）在企业部署一套外网认证的加密认证服务器和文档云服务器。

（2）外出携带的移动设备需要部署安全管控平台客户端，连接加密服务器进行认证。

（3）文档云服务器提供外网电子文件资料的存储共享，在外出需要查阅文件资料时可以登录文档云服务器，进行文件的在线预览、编辑、下载等。

（4）在PC终端下载的所有文档为加密状态，只限本机使用，泄露给外部计算机将无法打开。

（5）支持集团、分公司的分布式部署方式。

5. 小结

汽车及零部件行业工业数据智能安全云平台采用的内核级主动加密、应用软件指纹识别的加密槽等技术，填补了智能制造安全领域的技术空白，弥补了高端和前沿研究开发方面的不足。

（1）基于内容识别的终端数据智能安全管理

智能安全分析技术、操作系统内核技术、高强度的加密算法、灵活易用的安全策略，为敏感数据提供了含数据发现、数据识别、数据分类、数据加密、数据分级、权限管控，以及预警审计等全方位管控能力，有效地解决了企业内部合法用户有意或无意的信息泄露问题。

（2）满足高性能要求的安全云桌面数据集中管控

安全云桌面数据集中管控平台技术的优势在于它大大提升了现有PC的使用效率，实现了IT部门对分散的PC的集中式管理，以及客户数据、应用与底层硬件基础设施剥离所带来的高度安全性和灵活性。在管理优化层面，它赋予了IT管理者战略性的基础架构中央管理能力和安全控制能力。在用户层面，使用习惯的无须改变、PC应用的无缝兼容、个性化桌面应用的灵活调用更是帮助用户顺利实施这一新架构的推动因素之一。

（3）"云+网+端"一体化云数据安全解决方案

要解决云平台环境下的数据安全问题，仅在云平台、终端、网络中的任何一方面实施保护是不够的，必须要将云平台数据安全管理技术、终端数据安全管理技术、网络安全传输技术融合为一体，实现对云数据的全程一体化安全管理。在云平台数据中心，重点完成用户身份认证、多租户模式下的数据隔离、租户行为异常审计、结构化数据和非结构化数据的透明加密。在终端，重点完成用户密钥生成、终端环境安全保护、终端外设安全保护、终端文件透明加密保护。在网络传输过程中，重点在终端与云平台之间建立虚拟安全通道。

（4）针对结构化、非结构化数据的加密处理

数据在云计算环境下有结构化、非结构化两种存储形态，对关键重要数据的加密处理是确保数据安全的重要手段。该平台提供了针对云计算环境下非结构化数据与结构化数据的透明加密方案。

（二）工业互联网数据安全监测平台

1. 案例概述

随着"云、大、物、移、智"等新一代信息技术与制造业的融合发展，数字化生产、网络化协同、个性化定制、服务化延伸等生产运营模式逐渐成为常态，工业互联网数据不断走向开放流动，但原本封闭在工业现场的数据一旦上网上云会带来敏感数据泄露、违规传输、非法跨境、恶意篡改等工业互联网数据安全风险。本案例以数据安全为牵引，面向工业互联网基础设施运营商、工业企业、工业互联网平台企业开展工业互联网数据安全监测，形成工业互联网数据资产识别、

数据安全风险监测预警、数据安全威胁溯源处置等技术能力，实现工业互联网数据安全风险与威胁可感、可知、可处置、可追溯等。

2. 典型安全问题

（1）工业互联网数据资产数量、种类、级别、分布位置不清晰，数据分类分级识别分析缺乏技术手段。

（2）工业互联网数据存在跨网域、跨平台、跨区域、跨境等流转需求，但对于敏感数据没有明确和统一的定义与管理规范，在网络流量中捕捉敏感数据难度大，存在敏感数据违规传输、泄露等现象。

（3）工业互联网数据访问、存储、共享、披露、删除等缺少全流程安全规范，存在非法访问、无序存储、违规共享、恶意披露与删除等问题。

3. 解决方案

工业互联网数据安全监测平台技术架构如图 5-4 所示。

综合采用工业互联网数据安全监测分析作为基本思路，提供多源数据采集、数据识别、流量监测、人工智能分析、数据安全风险分析及综合研判等一站式解决办法，形成面向工业互联网数据安全监测的整体解决方案。

（1）数据源：通过对工业企业、工业互联网平台和基础运营商等数据源的采集，构建工业互联网数据安全监测的数据基础。

（2）数据监测层：支持对重要网络出入口、省级流量出入口等处的全流量数据进行采集汇聚、捕获、匹配、识别筛选、数据包深度检测、数据安全分析、数据安全传输等。

（3）分析管理层：对数据进行关联分析、分类分级存储、流动路径分析、安全评估、溯源追踪等。

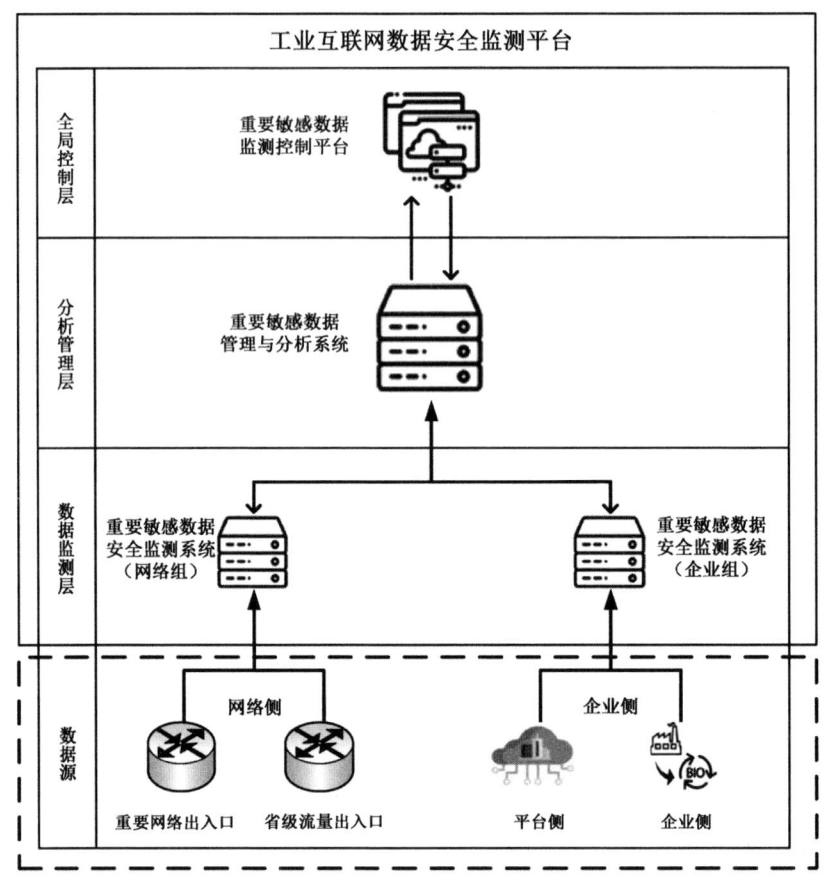

图 5-4 工业互联网数据安全监测平台技术架构

（4）全局控制层：实现数据安全态势的宏观可视化展示，以及数据查询、系统管理、配置管理、策略管理、预警发布、报表导出等。

4. 部署方案

工业互联网数据安全监测部署方案如图 5-5 所示。

（1）在工业企业、工业互联网平台的网络流量出口和运营商核心路由器上进行数据采集，通过镜像方式引流工业互联网数据。

第五章 工业互联网数据安全

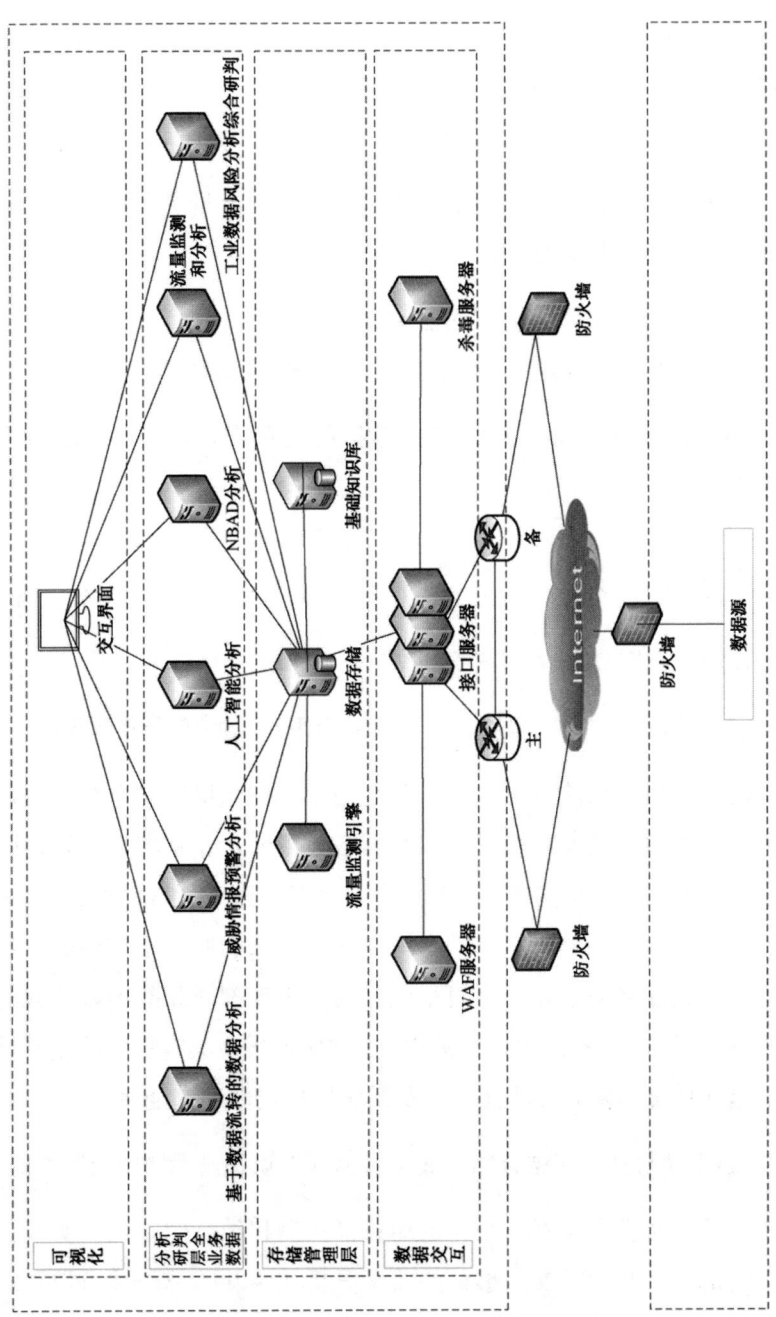

图 5-5　工业互联网数据安全监测部署方案

（2）数据交互层通过接口服务器和防火墙、杀毒服务器、WAF 服务器完成数据安全接入。

（3）存储管理层通过多个流量监测引擎，支持工业协议解析、工业设备指纹提取、数据特征识别等，对接入的流量进行预处理，完成多源异构数据的汇聚整合。

（4）全业务数据分析研判层通过多引擎协作分析，结合人工智能等技术，对数据安全事件、数据资产、工业控制漏洞等进行监测分析。

（5）通过可视化服务器完成工业互联网数据安全的综合可视化展示。

5. 小结

该解决方案具备以下特点。

（1）具备高安全性和可靠性的工业互联网数据安全监测系统。

硬件上配备高性能防火墙，利用杀毒软件严格防护系统和网络的安全，在架构上设计双机互备和数据备份存储，布置容灾系统，确保数据存储可靠，系统支持 7×24 小时稳定运行。系统部署采用微服务模块的概念，由一个或多个具有内在业务联系的服务组件构成，每个模块是独立部署的单元，可根据业务需要重新部署新的模块、裁剪现有的业务逻辑，而不影响其他模块。在网络部署中具有极大的便利性，便于提升系统部署的灵活性，以及系统的稳定性和安全性。

（2）主动与被动相结合的工业互联网数据识别发现和安全监测能力。

采用被动流量监测还原与主动扫描探测相结合的方式，实现工业互联网资产、漏洞、安全事件的监测分析，弥补了单一技术识别发现能力的局限性，全面提高了工业互联网领域的数据安全监测能力。其中，主动扫描探测可弥补被动流量还原通信信息的局限性，被动流量监测还原可弥补主动发现资产范围的不确定性。

（3）兼具广度和深度的工业互联网数据安全监测预警能力。

该解决方案的覆盖范围涵盖工业云平台、工业 App、企业内网、企业外网、省级网络等节点，集成云端、网络侧、终端的纵深空间数据安全监测与防护能力。通过在云、网、端范围的全局监测，结合主动发现与被动发现的技术手段，形成数据安全监测预警在工业互联网相关行业领域的广覆盖。

七、工业互联网数据安全的发展展望

数据安全是数字时代维护国家网络空间安全的核心关键。我国是世界第一制造业大国，工业经济的健康稳定运行关乎国计民生和国家安全。面对互联网、大数据、人工智能和实体经济，特别是制造业深度融合的新形势、新要求，我国坚持总体国家安全观，以"保安全、促发展"为总体思路，以"重点保护、分级管理、综合保障、安全共享"为推进路线，加强工业互联网数据安全顶层设计，强化企业主体责任，加强技术能力建设，促进产业发展，形成良好的工业互联网数据安全生态。

（一）强化数据安全管理

制定和发布工业互联网数据安全分类分级、安全防护、安全交换共享、安全评估等相关政策制度及标准。推进重点行业、地区开展政策标准宣贯和试点应用，促进并落实企业主体责任。明确数据留存、数据泄露通报要求，常态化开展工业互联网数据安全监督检查。积极组织开展对标检查和第三方评估工作，评估企业数据安全管理现状，推动企业结合业务发展需要，明确自身的问题，制定具有针对性的整改方案，不断完善对应的数据安全管理规划、办法、标准、措施、流程等，逐步建立健全工业互联网数据安全管理体系。

（二）加强数据安全治理与防护

加快建立工业互联网数据安全治理体系，以工业互联网数据安全分类分级为抓手，组织开展工业互联网数据摸底调查，列出重要数据保护清单。企业在强化数据安全意识的同时积极应对风险，加大资金投入，开展工业互联网数据安全防护手段建设，实施差异化分级管理和防护，促进数据分级安全共享，建立健全数据安全保障体系，提升风险防范和处置水平。

（三）加快数据安全技术创新和能力提升

围绕工业互联网数据全生命周期的安全保护要求，加快数据安全监测、轻量级加密、数据脱敏、可信防护等技术攻关，提升防篡改、防窃取、防泄露能力。支持国家专业机构建设国家级工业互联网安全技术保障能力，着力提升数据安全监测与防护、安全评估、可信交换共享、追踪溯源等能力。积极发挥相关产业联盟的引导作用，整合行业资源，创新服务模式，开展技术联合攻关等。

（四）促进数据安全交换共享和有序流动

建设工业互联网数据可信交换共享服务平台，全流程保障数据交换、共享、交易等过程的安全，形成工业互联网数据可信安全防护、安全交换、安全共享等公共服务能力。依托服务平台，聚拢产学研用各方共同建设安全可信的工业互联网数据空间，以工业互联网数据共享为驱动，构建安全可信的数据市场，打造工业互联网数据安全共享、安全交换、安全交易等多种服务和商业模式，激活工业互联网数据安全产业生态圈。

附录 A
工业互联网创新发展行动计划（2021-2023 年）

关于印发《工业互联网创新发展行动计划（2021-2023年）》的通知

工信部信管〔2020〕197号

工业互联网专项工作组成员单位：

《工业互联网创新发展行动计划（2021-2023年）》已经工业互联网专项工作组第二次会议审议通过，现予印发，请认真贯彻落实。

附件：工业互联网创新发展行动计划（2021-2023年）

工业互联网专项工作组

2020年12月22日

工业互联网创新发展行动计划
（2021-2023年）

《国务院关于深化"互联网+先进制造业"发展工业互联网的指导意见》印发以来，在各方共同努力下，我国工业互联网发展成效显著，2018-2020年起步期的行动计划全部完成，部分重点任务和工程超预期，网络基础、平台中枢、数据要素、安全保障作用进一步显现。2021-2023年是我国工业互联网的快速成长期。为深入实施工业互联网创新发展战略，推动工业化和信息化在更广范围、更深程度、更高水平上融合发展，制定本计划。

一、总体要求

（一）指导思想

以习近平新时代中国特色社会主义思想为指导，深入贯彻党的十九大和十九届二中、三中、四中、五中全会精神，坚持新发展理念，坚持以深化供给侧结构性改革为主线，以支撑制造强国和网络强国建设为目标，顺应新一轮科技革命和产业变革大势，统筹工业互联网发展和安全，提升新型基础设施支撑服务能力，拓展融合创新应用，深化商用密码应用，增强安全保障能力，壮大技术产业创新生态，实现工业互联网整体发展阶段性跃升，推动经济社会数字化转型和高质量发展。

（二）发展目标

到 2023 年，工业互联网新型基础设施建设量质并进，新模式、新业态大范围推广，产业综合实力显著提升。

——**新型基础设施进一步完善**。覆盖各地区、各行业的工业互联网网络基础设施初步建成，在 10 个重点行业打造 30 个 5G 全连接工厂。标识解析体系创新赋能效应凸显，二级节点达到 120 个以上。打造 3～5 个具有国际影响力的综合型工业互联网平台。基本建成国家工业互联网大数据中心体系，建设 20 个区域级分中心和 10 个行业级分中心。

——**融合应用成效进一步彰显**。智能化制造、网络化协同、个性化定制、服务化延伸、数字化管理等新模式新业态广泛普及。重点企业生产效率提高 20%以上，新模式应用普及率达到 30%，制造业数字化、网络化、智能化发展基础更加坚实，提质、增效、降本、绿色、安全发展成效不断提升。

——**技术创新能力进一步提升**。工业互联网基础创新能力显著提升，网络、标识、平台、安全等领域一批关键技术实现产业化突破，工业芯片、工业软件、工业控制系统等供给能力明显增强。基本建立统一、融合、开放的工业互联网标准体系，关键领域标准研制取得突破。

——**产业发展生态进一步健全**。培育发展 40 个以上主营业务收入超 10 亿元的创新型领军企业，形成 1～2 家具有国际影响力的龙头企业。培育 5 个国家级工业互联网产业示范基地，促进产业链供应链现代化水平提升。

——**安全保障能力进一步增强**。工业互联网企业网络安全分类分级管理有效实施，聚焦重点工业领域打造 200 家贯标示范企业和 100 个优秀解决方案。培育一批综合实力强的安全服务龙头企业，打造一批工业互联网安全创新示范园区。基本建成覆盖全网、多方联动、运行高效的工业互联网安全技术监测服务体系。

二、重点任务

（一）网络体系强基行动

行动内容：

1. 加快工业设备网络化改造。 支持工业企业对工业现场"哑设备"进行网络互联能力改造，支撑多元工业数据采集。提升异构工业网络互通能力，推动工业设备跨协议互通。研制异构网络信息互操作标准，建立多层级网络信息模型体系，实现跨系统的互操作。

2. 推进企业内网升级。 支持工业企业运用新型网络技术和先进适用技术改造建设企业内网，探索在既有系统上叠加部署新网络、新系统，推动信息技术（IT）网络与生产控制（OT）网络融合。建设工业互联网园区网络。

3. 开展企业外网建设。 推动基础电信企业提供高性能、高可靠、高灵活、高安全的网络服务。探索云网融合、确定性网络、IPv6 分段路由（SRv6）等新技术部署。推动工业企业、工业互联网平台、标识解析节点、安全设施等接入高质量外网。探索建设工业互联网交换中心，研究互联互通新机制。

4. 深化"5G+工业互联网"。 支持工业企业建设 5G 全连接工厂，推动 5G 应用从外围辅助环节向核心生产环节渗透，加快典型场景推广。探索 5G 专网建设及运营模式，规划 5G 工业互联网专用频率，开展工业 5G 专网试点。建设公共服务平台，提供 5G 网络化改造、应用孵化、测试验证等服务。

5. 构建工业互联网网络地图。打造覆盖全国各地市和重点工业门类的工业互联网网络公共服务能力，构建工业互联网网络建设、运行、应用的全景视图，为建网、用网、管网提供全面支撑服务。

专栏 1：工业互联网网络互联互通工程

实施工业互联网企业内网标杆计划。支持工业企业综合运用 5G、时间敏感网络（TSN）、边缘计算等技术，提升生产各环节网络化水平。**实施工业互联网园区网络示范计划。**支持地方和龙头企业建设 10 个工业互联网园区网络，开展面向龙头企业和中小企业的网络互联试点示范。**探索建设工业互联网交换中心。**选择重点区域、重点行业探索建设工业互联网交换中心，支持企业利用交换中心实现网络互通、平台互联。**建设工业互联网网络信息模型实验室。**面向仪器仪表、数控机床、机器人等领域开发 100 个以上网络信息模型。**持续推进"5G+工业互联网"融合应用。**针对重点行业培育 30 个左右典型应用场景。编制发布"5G+工业互联网"发展指数。

时间节点：到 2023 年，打造 50 个企业内网改造建设标杆，高质量外网基本覆盖所有规模以上工业企业，建成 8 个"5G+工业互联网"公共服务平台。

责任部门：工业和信息化部、发展改革委、应急部、国资委。

（二）标识解析增强行动

行动内容：

6. 完善标识解析体系建设。实施《工业互联网标识管理办法》，建立标识编码分配协调机制。提升国家顶级节点服务能力。引导建设运营标识解析二级节点和递归节点。建设兼容开放、服务全球的标识解析服务系统，推动标识解析与区块链、大数据等技术融合创新，提升数据综合服务能力，增强对域名等网络基础资源的支撑能力。

7. 加速标识规模应用推广。 深化标识在设计、生产、服务等环节应用，推动标识解析系统与工业互联网平台、工业 APP 等融合发展。加快解析服务在各行业规模应用，促进跨企业数据交换，提升产品全生命周期追溯和质量管理水平。加快主动标识载体规模化部署，推进工业设备和产品加标识。增强标识读写适配能力，推动标识在公共领域应用。

8. 强化标识生态支撑培育。 加快推动标识解析核心软硬件产业化。支持标识解析中间件研制及规模化应用，加强标识解析系统与工业企业信息系统适配。增强标识资源对接、测试认证等公共服务能力，建立产业链供应链标识数据资源共享机制。

专栏 2：工业互联网标识解析体系增强工程

持续建设标识解析节点。 加强根节点建设和对接，提升国家顶级节点对标识、域名等网络基础资源支撑能力，打造基于标识的工业互联网运行分析平台。引导企业建设二级节点不少于 120 个、递归节点不少于 20 个。构建基于标识解析的区块链基础设施，支持各地部署不少于 20 个融合节点，提供基于区块链的标识资源分配、管理、互操作等基础服务。**加强标识规模化应用推广。** 培育一批系统集成解决方案供应商，拓展冷链物流、应急物资、智慧城市等领域规模化应用。组织开展全国工业互联网标识创新大赛，遴选 100 个典型应用案例。**推动主动标识载体规模部署。** 面向汽车、船舶、仪器仪表等重点领域，加快推动基于 5G、窄带物联网（NB-IoT）等技术的主动标识载体规模化应用，部署不少于 3000 万枚，建设各类主动标识载体可信管理平台。**加强标识产业生态培育。** 构建软硬件协同开发平台，研制一批高性能、高可靠专用设备。建设标识数据服务资源池，提升行业、产业数据服务效率。

时间节点：到 2023 年，国家顶级节点具备标识、域名、区块链等综合服务能力，标识注册总量超过 150 亿，日均解析量达到千万次量级。

责任部门：工业和信息化部、商务部、卫生健康委、应急部、市场监管总局。

（三）平台体系壮大行动

行动内容：

9. 滚动遴选跨行业跨领域综合型工业互联网平台。建立动态评价机制，打造具有国际影响力的工业互联网平台，深化工业资源要素集聚，加速生产方式和产业形态创新变革。

10. 建设面向重点行业和区域的特色型工业互联网平台。聚焦数字基础好、带动效应强的重点行业，打造行业特色工业互联网平台，推动行业知识经验在平台沉淀集聚。面向制造资源集聚程度高、产业转型需求迫切的区域，打造区域特色工业互联网平台，推动平台在"块状经济"产业集聚区落地。

11. 发展面向特定技术领域的专业型工业互联网平台。围绕特定工业场景和前沿信息技术，建设技术专业型工业互联网平台，推动前沿技术与工业机理模型融合创新，支撑构建数据驱动、软件定义、平台支撑、服务增值、智能主导的新型制造体系。

12. 提升平台技术供给质量。加强平台设备接入、知识沉淀、应用开发等支持能力。突破研发、生产、管理等基础工业软件，加速已有工业软件云化迁移，形成覆盖工业全流程的微服务资源池。推动基础工艺、控制方法、运行机理等工业知识的软件化、模型化，加快工业机理模型、知识图谱建设。深化"平台+5G""平台+人工智能""平台+区块链"等技术融合应用能力。

13. 加快工业设备和业务系统上云上平台。制定工业设备上云实施指南、工业设备数据字典，培育设备上云公共服务平台，推动行业龙头企业核心业务系统云化改造，带动产业链上下游中小企业业务系统云端迁移。鼓励地方政府通过创新券、服务券等方式降低上云门槛和成本，创新"挖掘机指数""空压机指数"等新型经济运行指标。

14. 提升平台应用服务水平。开发和推广平台化、组件化的工业互联网行业系统解决方案，培育解决方案服务商，建立平台解决方案资源池和分类目录，开展服务商能力评价。编制完善工业互联网平台监测评价指标体系，支持建设平台监测分析系统，提供平台产业运行数据分析服务。

专栏3：工业互联网平台体系化升级工程

加快平台推广应用。引导跨行业跨领域平台汇聚更广范围生产要素资源，面向原材料、装备、消费品、电子信息、能源、医疗医药、建筑等重点行业及产业集聚区，支持建设50家行业和区域特色平台，支持建设云仿真、数字孪生、数据加工、故障预测与健康管理（PHM）等技术专业型平台，加快信息技术创新应用。**深化多层次平台试验验证**。面向发展基础良好的特定区域，支持建设20家区域一体化平台，开展技术、产品、服务和解决方案的试验验证，促进区域要素资源有序流动与协同发展，加速区域产业资源共享和设备上云，促进区域产业协同和生态建设。**培育平台创新解决方案**。强化平台工业数据集成管理及工艺、控制、运维等工业机理建模能力，研发构建数字孪生创新工具，打造一批"平台+产品""平台+模式""平台+行业/区域"创新解决方案。**建设平台数据监测与运行分析系统**。完善平台数据字典，开展平台基础能力、运营服务、产业支撑等运行数据自动化采集，研发平台运行监测及行业运行分析模型，编制发布工业互联网平台发展指数。

时间节点：到 2023 年，工业企业及设备上云数量比 2020 年翻一番，打造 3~5 家有国际影响力的综合型工业互联网平台、70 个行业区域特色平台、一批特定技术领域专业型平台。

责任单位：工业和信息化部、教育部、国资委。

（四）数据汇聚赋能行动

15. 推动工业互联网大数据中心建设。 持续提升国家中心的数据汇聚、分析、应用能力，推进区域分中心与行业分中心建设。研究工业互联网数据权属确定、价值评估、资源交换、效益共享等机制，制定数据交换接口标准规范，推动国家中心、各区域和行业分中心之间数据资源的高效流通。

16. 打造工业互联网大数据中心综合服务能力。 面向政府提供工业经济和产业运行监测指挥、应急事件预警协调等服务，面向行业提供数据管理能力提升、工业资源共享、解决方案推广等服务，为企业提供设备与业务系统上云、产融合作、供需对接等服务。

17. 培育高质量工业 APP。 推动共性经验知识沉淀提炼，发展普适性强、复用率高的基础共性工业 APP，以及基于知识图谱和智能算法的可适性工业 APP。打造一批经济价值高、推广作用强的行业通用工业 APP。面向特定领域、特定场景个性化需求，培育一批企业专用工业 APP。发展基于数字孪生技术的工业智能解决方案，支持开源社区、开发者社区建设，发展工业 APP 商店，促进工业 APP 交易流转。

18. 推动平台间数据互联互通。 构建平台数据字典互认机制，统一工业数据、算法模型、微服务等调用接口。鼓励开展联合攻关、互补合作，制定平台间接口规范，推动机理模型和工业 APP 的跨平台调用与订阅，打造协同发展、多层次系统化平台体系。

19. 持续深化"工业互联网+安全生产"。聚焦本质安全水平提升，针对原材料、危险化学品、矿山、民爆、烟花爆竹等重点行业领域，构建基于工业互联网的安全生产感知、监测、预警、处置及评估体系，建立风险特征库、失效数据库、安全生产评估模型和工具集，提升工业企业安全生产水平。

专栏 4：国家工业互联网大数据中心建设工程

建设工业互联网大数据中心体系。 面向能源、钢铁、石化、化工、建材、有色、医药等流程行业及电子、汽车、装备、建筑等离散行业，建设行业大数据分中心，加强行业数据资源管理。加强工业互联网推广应用与银行保险机构数字化转型的联动衔接，搭建基于工业互联网的中小微企业数据集成和共享平台，探索工业互联网大数据在金融服务中的应用。在工业互联网融合发展基础较好领域，建设一批统一规范的区域级工业互联网大数据分中心，汇聚数据资源达到 PB 级。建设场景驱动的高质量数据集，鼓励开展工业算法创新。开展数据创新应用，增强产业链供应链韧性。建设工业互联网大数据中心灾备中心，开展数据灾备服务，提升应急保障服务能力。

时间节点：到 2023 年，基本建成国家工业互联网大数据中心体系，建设 20 个区域级分中心和 10 个行业级分中心。建设高质量的工业微服务和工业 APP 资源池，工业 APP 数量达到 50 万个。

责任单位：工业和信息化部、教育部、应急部、国资委、市场监管总局、银保监会、能源局。

（五）新型模式培育行动

行动内容：

20. 发展智能化制造。鼓励大型企业加大 5G、大数据、人工智能等数字化技术应用力度，全面提升研发设计、工艺仿真、生产制造、设备管理、产品检测等智能化水平，实现全流程动态优化和精准决策。

21. 加强网络化协同。支持龙头企业基于平台广泛连接、汇聚设备、技术、数据、模型、知识等资源，打造贯通供应链、覆盖多领域的网络化配置体系，发展协同设计、众包众创、共享制造、分布式制造等新模式。

22. 推广个性化定制。鼓励消费品、汽车、钢铁等行业企业基于用户数据分析挖掘个性需求，打造模块化组合、大规模混线生产等柔性生产体系，促进消费互联网与工业互联网打通，推广需求驱动、柔性制造、供应链协同的新模式。

23. 拓展服务化延伸。支持装备制造企业搭建产品互联网络与服务平台，开展基于数字孪生、人工智能、区块链等技术的产品模型构建与数据分析，打造设备预测性维护、装备能效优化、产品衍生服务等模式。

24. 实施数字化管理。推动重点行业企业打通内部各管理环节，打造数据驱动、敏捷高效的经营管理体系，推进可视化管理模式普及，开展动态市场响应、资源配置优化、智能战略决策等新模式应用探索。

专栏5：工业互联网新模式推广工程

面向领先制造企业与特色中小企业组织新模式应用标杆遴选，依托龙头企业、研究机构等制定发布新模式应用实施指南，加强智能化制造、网络化协同、个性化定制、服务化延伸、数字化管理等新模式新业态探索与推广。鼓励地方开展工业互联网新模式应用宣贯与培训，支持建立一批线上线下结合的新模式应用体验中心，鼓励创新应用探索实践。

时间节点：到 2023 年，面向垂直细分行业，形成 100 个左右新模式应用试点示范，形成一批可复制可推广的典型模式和应用场景，实现在 200 家以上工业企业复制推广。

责任部门：工业和信息化部、商务部、国资委。

（六）融通应用深化行动

行动内容：

25. 加强大中小企业融通发展。 支持大型企业引领推广、中小企业广泛应用的融通发展模式，鼓励领先企业推广供应链体系和网络化组织平台，打造符合中小企业需求的数字化平台、系统解决方案、产品和服务，带动中小企业的数字化能力提升和订单、产能、资源等共享。

26. 加快一二三产业融通发展。 支持第一产业、第三产业推广基于工业互联网的先进生产模式、资源组织方式、创新管理和服务能力，打造跨产业数据枢纽与服务平台，形成产融合作、智慧城市等融通生态。

专栏 6：工业互联网融通应用工程

推进中小企业数字化改造。 以新一代信息技术应用为支撑，推动集聚一批面向中小企业的数字化服务商，培育推广一批符合中小企业需求的数字化平台、系统解决方案、产品和服务，以数字化网络化智能化赋能中小企业。**实施一二三产业融通发展计划。** 鼓励开展融通应用示范培训宣贯，支持建立一批面向医疗、教育、金融等领域的融通应用展示中心。鼓励开展工业互联网融通应用大赛，探索基于工业互联网的一二三产业融通集成应用场景，打造产融合作、工业旅游等典型模式。**持续开展行业融合应用试点示范。** 在流程制造行业普及高价

> 值设备资产管理、安全环保管理优化、全流程一体化优化等模式，提升装备装置、控制系统的数字改造与连接水平。在离散制造行业推广在制品质量检测、设备健康管理、规模化定制、供应链追溯、跨领域融通服务等模式，推动企业加快生产全过程数字化改造与精准管控。支持行业协会、研究机构、龙头企业等制定发布行业应用推广指南。

时间节点：到2023年，面向重点行业形成150个左右行业特色明显、带动效应强的融合应用试点示范。打造一批支撑融通应用的模型资源库与服务平台，形成40个左右融通应用典型场景。

责任部门：工业和信息化部、发展改革委、科技部、商务部、应急部、国资委。

（七）关键标准建设行动

行动内容：

27. 强化工作机制。充分发挥国家工业互联网标准协调推进组、总体组、专家咨询组作用，系统推进工业互联网标准规划体系研究及相关政策措施落实，加强跨部门、跨行业、跨领域标准化重要事项的统筹协同。

28. 完善标准体系。结合5G、边缘计算、人工智能等新技术应用和产业发展趋势，完善工业互联网标准体系，明确标准化重点领域和方向，指导标准化工作分领域推进实施。

29. 研制关键标准。加快基础共性、关键技术、典型应用等产业亟需标准研制。强化工业互联网知识产权保护和运用，推广实施《专利导航指南》系列国家标准（GB/T39551-2020），提升行业知识产权服务能力，推动工业互联网知识产权数量、质量同步提升。

30. 加强国际合作。 积极参与国际电信联盟（ITU）、国际标准化组织（ISO）、国际电工技术委员会（IEC）等国际组织活动及国际标准研制，加强与国际产业推进组织的技术交流与标准化合作，促进标准应用共享。

专栏7：工业互联网标准化工程

实施工业互联网标准引领计划。 加快制定网络、平台、安全体系架构、通用需求、术语定义等基础共性标准。加快制定"5G+工业互联网"、网络信息模型、工业大数据、安全防护等关键技术标准。加快制定面向原材料、装备、电子信息等重点行业领域的应用标准。**实施工业互联网标准推广计划。** 推进标准在重点行业和企业中应用，开展企业工业互联网标准符合度评测，以及行业标准应用水平评估评价工作。提升工业互联网网络、平台、安全标准公共服务能力，推进创新技术成果向标准转化。

时间节点： 到2023年，建立较为完善的工业互联网标准化工作机制，基本形成统一、融合、开放的工业互联网标准体系，完成60项以上关键标准研制。

责任部门： 工业和信息化部、科技部、商务部、卫生健康委、国资委、市场监管总局、知识产权局。

（八）技术能力提升行动

行动内容：

31. 强化基础技术支撑。 鼓励高校科研机构加强工业互联网基础理论研究，提升原始创新水平。鼓励信息技术与工业技术企业联合推进工业5G芯片/模组/网关、智能传感器、边缘操作系统等基础软硬件研发。加强工业机理模型、先进算法、数据资源的积累、突破与融合。

32. 突破新型关键技术与产品。支持领先企业加快网络、标识、平台与安全的关键技术与产品研发。推动边缘计算、数字孪生、区块链等与工业互联网的融合技术研究，加强融合产品及其解决方案的测试验证和商业化推广。

33. 以新技术带动工业短板提升突破。加强 5G、智能传感、边缘计算等新技术对工业装备、工业控制系统、工业软件的带动提升，打造智能网联装备，提升工业控制系统实时优化能力，加强工业软件模拟仿真与数据分析能力。

专栏 8：工业互联网技术产品创新工程

加强工业互联网基础支撑技术攻关。支持工业 5G 芯片模组、边缘计算专用芯片与操作系统、工业人工智能芯片、工业视觉传感器及行业机理模型等基础软硬件的研发突破。**实施技术产品创新突破计划。**攻克 5G 与 TSN 等新型网络、新型标识与可信解析、平台数据模型管理与应用开发、基于人工智能的安全防护等工业互联网关键共性技术，加快研发新产品。**加强对工业互联网与传统技术的融合与带动提升。**鼓励装备企业综合运用 5G、人工智能等新技术，打造自主作业、云端协同作业等智能化装备。鼓励工业软件企业基于平台打造功能组件和数据模型灵活组织复用的软件产品，带动设计仿真、工艺优化等功能强化。支持信息技术与自动化企业打造边缘控制器、边缘云与智能网关，推动边缘计算与可编程逻辑控制器（PLC）、过程控制系统的融合，构建具备智能计算与实时优化能力的边缘工业控制系统。**加强知识产权信息服务支撑。**加快建设国家知识产权大数据中心和公共服务平台，为技术创新提供知识产权信息支撑。

时间节点：到 2023 年，工业互联网关键核心技术竞争力进一步提

升。工业 5G 芯片/模组/网关、边缘计算芯片等基础软硬件产品基本成熟。

责任部门：工业和信息化部、科技部、知识产权局。

（九）产业协同发展行动

行动内容：

34. 培育领先企业。大力培育工业互联网技术创新企业，带动工业互联网关键技术和前沿创新能力整体提升。培育一批工业互联网系统解决方案供应商，面向重点行业与典型场景打造整体解决方案和集成技术产品。培育工业互联网运营服务商，提升网络运维、行业应用推广等运营服务能力。

35. 强化主体协作。支持建设面向工业互联网供应商分类分级、产业运行监测、发展成效评估的公共服务平台。加快建设工业互联网创新中心、安全实验室等创新载体，开展新技术联合攻关和成果转化。做大做实工业互联网产业联盟，广泛汇聚市场主体，开展产业务实合作。

36. 开展产业示范基地建设。充分考虑工业互联网的融合性，持续开展工业互联网产业示范基地遴选，鼓励东部地区率先发展，促进东北、中西部地区加快发展。引导工业互联网产业示范基地聚焦主业，强化基础设施支撑和融合创新引领能力。鼓励各地建设"5G+工业互联网"融合应用先导区，探索具有地区及产业特色的发展模式。

37. 建设平台应用创新推广中心。面向区域产业特色，建设一批工业互联网平台应用创新推广中心，搭建线上线下结合的创新体验环境，促进平台供需精准对接和协同创新。

38. 建设工业互联网示范区。加快长三角工业互联网国家示范区建设，鼓励各地结合区域特色和产业优势，打造一批协同效应显著、辐射带动能力强的示范区。

> **专栏 9：工业互联网产业生态培育工程**
>
> **培育系统解决方案供应商。** 培育一批围绕工业互联网重点领域的通用供应商、具备细分场景技术优势的专业供应商、与行业知识经验及需求深度结合的行业供应商。定期发布供应商名录，打造多类型的供应商资源池。加快解决方案应用推广，促进方案的不断丰富完善。**打造工业互联网创新中心。** 支持科研院所、高校、企业联合共建工业互联网创新中心，开展产学研用协同技术创新、标准研制、试验验证与产业化推广，壮大跨界协同创新生态。建设 10 家左右各具特色的省级工业互联网创新中心，形成覆盖全国的创新中心网络。**建设工业互联网公共服务平台。** 提供工业互联网产业发展、供应商能力分级、企业评估等综合服务。汇集供应商资源与企业需求，促进精准对接。打造数据资源池，提供工业数据资源分类分级、数据资产与算法库管理等服务。

时间节点： 到 2023 年，培育一批核心技术创新引领企业，在重点行业和领域打造 100 个工业互联网系统解决方案。遴选 5 个国家级工业互联网产业示范基地，建设 10 个"5G+工业互联网"融合应用先导区，建设一批平台应用创新推广中心，布局一批工业互联网示范区。

责任部门： 工业和信息化部、科技部。

（十）安全保障强化行动

行动内容：

39. 依法落实企业网络安全主体责任。 实施工业互联网企业网络安全分类分级管理制度，明确企业安全责任要求和标准规范，强化指导监督，深入开展宣标贯标、达标示范，遴选安全优秀示范企业。强化逐级负责的监督管理制度，指导省级主管部门加快建立属地重点联网工业企业清单和重要数据保护目录，督促企业完善网络安全管理体系，加强供应链安全管理，落实企业主体责任。指导地方工业和信息化、通信主管部门建设属地工业互联网安全保障体系，健全闭环管理机制，强化监督检查，完善态势感知、事件通报、整改落实的闭环管理。加强对重点工业互联网平台、APP 的安全检测评估。

40. 加强网络安全供给创新突破。强化协同创新，针对 PLC、数据采集与监视控制系统（SCADA）、远程信息处理器（T-BOX）等关键核心领域，鼓励重点网络安全企业和工业企业联合攻关，打造具备内嵌安全功能的设备产品。加快密码应用核心技术突破和标准研制，推动需求侧、供给侧有效对接和协同创新，推动密码技术深入应用。优化服务供给，支持云服务企业、网络安全企业在重点城市联合建设安全运营服务中心，实施中小企业"安全上云"工程。面向装备、电子信息等重点行业，支持工业龙头企业建设一批具有广泛影响力的安全公共服务平台。针对流程工业、离散工业差异化特点，加快形成优秀安全解决方案和供应商目录，实现供需快速精准对接。

41. 促进网络安全产业发展壮大。推动产业集聚发展，优化产业园区布局，打造资源汇聚、要素共享的网络安全"双创"环境和孵化基地。推进强链优链，培育一批网络安全龙头企业，在智能制造、车联网等细分赛道孵化一批"高精尖"特色安全企业，带动安全产业链供应链提升。强化先进引领，开展试点示范，遴选安全智能工厂、网络安全创新应用先进示范区，提炼推广最佳实践。

42. 强化网络安全技术保障能力。强化企业自身防护，鼓励支持重点企业建设集中化安全态势感知和综合防护系统，提升网络和数据安全技术能力。强化区域监测保障，指导省级行业主管部门加快属地工业互联网安全态势感知、在线监测等技术手段建设，扩大监测范围，丰富平台功能。支持重点城市加快"5G+工业互联网"安全大脑建设。

增强京津冀、长三角、成渝地区等重点区域的安全联动保障能力。提升国家平台协调服务水平，利用人工智能、大数据技术强化态势分析，打造多方联动、运行高效的技术服务保障体系。加强工业互联网密码应用安全性评估能力建设。

> **专栏 10：工业互联网安全综合保障能力提升工程**
>
> **实施企业网络安全能力贯标计划**。行业主管部门制定分类分级系列安全标准规范，明确企业设备、控制、网络、平台、应用、数据等的安全防护基本要求，开展 PLC 等重点设备、SCADA 等重要系统、工业互联网平台、工业 APP 动态安全检测评估。各省级（重点城市）主管部门组织开展企业调研，开展企业分类分级，制定重点企业清单和重要数据保护目录。针对重点行业、企业开展宣标贯标，企业实施达标自评估和安全改造，遴选一批贯标示范企业。**实施技术保障能力提升计划**。打造"两库一机制"，围绕原材料、装备、电子信息等重点行业，建设汇聚安全漏洞、恶意代码、勒索病毒等信息的国家工业互联网安全漏洞库，完善涵盖工业协议、设备指纹、IP/域名、重要系统等的基础资源库，搭建一批网络安全测试环境和攻防演练靶场。健全完善监测预警、信息共享、协同处置等闭环工作机制。

时间节点：到 2023 年，分类分级管理模式在全国范围深入推广。面向原材料、装备、电子信息等重点行业遴选百家贯标示范企业。建设 20 个集约化安全运营服务中心、具有较大影响力的重点行业安全公共服务平台，面向工业互联网重点应用领域打造 10 个网络安全创新应用先进示范区。

责任部门：工业和信息化部、科技部、生态环境部、国资委、能源局、国防科工局。

（十一）开放合作深化行动

行动内容：

43. 营造开放多元包容的发展环境。 加强与主要国家、地区及"一带一路"沿线国家的对接合作，建立和培育政府间、国际组织、产业组织及企业间的多样化伙伴关系，推动多边、区域等层面政策和规则协调，共同探索数据流通、知识产权等领域的全球治理体系建设。

44. 全面推动多领域、深层次国际合作。 指导国内企事业单位、产业组织等与国外企业、机构在技术标准、资源分配、业务发展等领域开展务实合作。支持国内外企业在自由贸易试验区、服务业扩大开放综合试点等区域开展新模式新业态先行先试。鼓励有能力的单位通过设立海外分支机构等形式，为国内工业互联网企业拓展国际市场提供专业服务。支持外资企业平等参与工业互联网创新发展。

时间节点：到 2023 年，与欧盟、"一带一路"沿线重点国家建立工业互联网交流合作机制。

责任部门：工业和信息化部、科技部、商务部、市场监管总局、知识产权局。

三、保障措施

（一）加强组织实施

1. 加大统筹协调力度。 进一步发挥工业互联网专项工作组的统筹作用，确保各项工作落实到位。依托工业互联网战略咨询专家委员会开展前瞻性、战略性问题研究咨询。

2. 加强政策成效评估。健全任务督促检查和第三方评估机制，加强工业互联网创新发展工程等重点工作的过程管理、绩效评估和监督考核。定期考核试点示范项目、产业示范基地等，做到能上能下，动态调整。

3. 开展产业监测评估。逐步建立全国统一的工业互联网产业统计监测体系，指导各地建立完善本地区统计监测工作及上报机制。健全工业互联网发展成效评估机制，推动国家、区域、产业等评估工作常态化、制度化，定期发布工业互联网发展指数。

时间节点：按年度发布专项工作组工作计划。滚动开展工业互联网发展成效评估和产业监测评估。

责任部门：工业互联网专项工作组成员单位。

（二）健全数据管理

4. 建立健全规则。探索建立工业数据确权、数据流通、数据安全等规则规范，落实《工业数据分类分级指南（试行）》，引导数据共享与流转，充分挖掘数据价值。

5. 推动开放共享。推进工业数据全生命周期处理、分类分级、评估交易等标准制定。支持企事业单位、产业组织等在重点行业建立工业数据空间。发布工业互联网数据共享行动计划，引导数据有序开放共享。

6. 促进交易流通。有序开展《数据管理能力成熟度评估模型》国家标准贯标，增加有效数据供给。研究制定工业数据交易合同指引，规范数据交易行为，促进数据交易市场健康发展。

时间节点：到 2023 年，推进工业互联网数据共享行动，推动工业知识数据化沉淀，在不少于 3 个重点行业探索建立工业数据空间。

责任部门：工业和信息化部、商务部、市场监管总局按职责分工负责。

（三）拓宽资金来源

7. 加大财税政策支持。 持续利用财政专项资金、产业投资基金等支持工业互联网发展，深入实施工业互联网创新发展工程。鼓励地方通过设立工业互联网专项资金、风险补偿基金等手段支持产业发展。落实研发费用加计扣除等税收优惠政策。

8. 提升金融服务水平。 支持符合条件的工业互联网企业上市融资。支持符合条件的企业发行公司信用类债券和资产支持证券融资。鼓励工业互联网企业通过知识产权、票据、订单等动产质押融资方式融资。引导创业投资企业/基金等加大对工业互联网初创企业投入力度。支持保险资金、符合条件的资产管理产品在依法合规的前提下，按照风险可控、商业自愿的原则，投资工业互联网相关产业基金。

9. 创新产融合作模式。 鼓励有条件的金融机构在业务范围内与工业互联网企业按照依法合规、风险可控的原则开展合作。探索建立基于生产数据的增信系统，提供个性化、精准化的金融产品和服务。

时间节点：按年度实施工业互联网创新发展工程。持续开展基于数据的金融产品和服务创新。

责任部门：财政部、发展改革委、工业和信息化部、人民银行、税务总局、银保监会、证监会、知识产权局按职责分工负责。

（四）加大人才保障

10. 开展人才需求预测。建设运营"产业人才大数据平台"，定期发布工业互联网领域人才需求预测报告，编制工业互联网紧缺人才需求目录，为院校加强专业建设、技术技能人才提升业务素质和实现良好就业提供参考。

11. 推动人才选拔评价。鼓励企业制定人才评价规范，开展技术技能人才自主评价工作，畅通技术技能人才职业发展通道。

12. 强化专业人才培养。支持和指导高等院校、职业院校加强工业互联网相关学科专业建设。支持高校建设一批未来技术学院，培养工业互联网领域未来科技创新领军人才。鼓励企业与高校、科研院所共建实验室、专业研究院或交叉研究中心，加强共享型工程实习基地建设，支持高校建设若干现代产业学院，培养高素质应用型、复合型、创新型工业互联网技术技能人才。

时间节点：2021年完成工业互联网紧缺人才需求目录编制。按年度发布工业互联网领域人才需求预测报告。按年度开展"卓越工程师教育培养计划2.0""产学合作协同育人项目"，继续举办全国工业互联网安全技术技能大赛。到2023年，在全国范围内建设一批共享型工程实习基地。

责任部门：教育部、工业和信息化部、人力资源社会保障部按职责分工负责。

附录 B
加强工业互联网安全工作的指导意见

工业和信息化部 教育部
人力资源和社会保障部
生态环境部 国家卫生健康委员会 应急管理部 国务院国有资产监督管理委员会 国家市场监督管理总局 国家能源局 国家国防科技工业局
关于印发加强工业互联网安全工作的指导意见的通知

工信部联网安〔2019〕168号

各省、自治区、直辖市及计划单列市、新疆生产建设兵团工业和信息化、教育、人力资源社会保障、生态环境、卫生健康、应急管理、国有资产监管、市场监管、能源、国防科技工业主管部门,各省、自治区、直辖市通信管理局:

现将《加强工业互联网安全工作的指导意见》印发给你们,请结合工作实际,抓好贯彻落实。

工业和信息化部 教育部

人力资源和社会保障部 生态环境部

国家卫生健康委员会 应急管理部

国务院国有资产监督管理委员会

国家市场监督管理总局 国家能源局

国家国防科技工业局

2019年7月26日

加强工业互联网安全工作的指导意见

按照《国务院关于深化"互联网+先进制造业"发展工业互联网的指导意见》(以下简称《指导意见》)部署,为加快构建工业互联网安全保障体系,提升工业互联网安全保障能力,促进工业互联网高质量发展,推动现代化经济体系建设,护航制造强国和网络强国战略实施,现就加强工业互联网安全工作提出如下意见。

一、总体要求

(一)指导思想

坚持以习近平新时代中国特色社会主义思想为指导,全面贯彻党的十九大和十九届二中、三中全会精神,按照《指导意见》有关要求,围绕设备、控制、网络、平台、数据安全,落实企业主体责任、政府监管责任,健全制度机制、建设技术手段、促进产业发展、强化人才培育,构建责任清晰、制度健全、技术先进的工业互联网安全保障体系,覆盖工业互联网规划、建设、运行等全生命周期,形成事前防范、事中监测、事后应急能力,全面提升工业互联网创新发展安全保障能力和服务水平。

（二）基本原则

筑牢安全，保障发展。以安全保发展，以发展促安全。严格落实《中华人民共和国网络安全法》等法律法规，按照谁运营谁负责、谁主管谁负责的原则，坚持发展与安全并重，安全和发展同步规划、同步建设、同步运行。

统筹指导，协同推进。做好顶层设计和系统谋划，结合各地实际，突出重点，分步协同推进，加快构建工业互联网安全保障体系，确保安全工作落实到位。

分类施策，分级管理。根据行业重要性、企业规模、安全风险程度等因素，对企业实施分类分级管理，集中力量指导、监管重要行业、重点企业提升工业互联网安全保障能力，夯实企业安全主体责任。

融合创新，重点突破。基于工业互联网融合发展特性，创新安全管理机制和技术手段，鼓励推动重点领域技术突破，加快安全可靠产品的创新推广应用，有效应对新型安全挑战。

（三）总体目标

到2020年底，工业互联网安全保障体系初步建立。制度机制方面，建立监督检查、信息共享和通报、应急处置等工业互联网安全管理制度，构建企业安全主体责任制，制定设备、平台、数据等至少20项亟需的工业互联网安全标准，探索构建工业互联网安全评估体系。技术手段方面，初步建成国家工业互联网安全技术保障平台、基础资源库和安全测试验证环境。产业发展方面，在汽车、电子信息、航空航天、能源等重点领域，形成至少20个创新实用的安全产品、解决方案的试点示范，培育若干具有核心竞争力的工业互联网安全企业。

到 2025 年，制度机制健全完善，技术手段能力显著提升，安全产业形成规模，基本建立起较为完备可靠的工业互联网安全保障体系。

二、主要任务

（一）推动工业互联网安全责任落实

1. 依法落实企业主体责任。工业互联网企业明确工业互联网安全责任部门和责任人，建立健全重点设备装置和系统平台联网前后的风险评估、安全审计等制度，建立安全事件报告和问责机制，加大安全投入，部署有效安全技术防护手段，保障工业互联网安全稳定运行。由网络安全事件引发的安全生产事故，按照安全生产有关法规进行处置。

2. 政府履行监督管理责任。工业和信息化部组织开展工业互联网安全相关政策制定、标准研制等综合性工作，并对装备制造、电子信息及通信等主管行业领域的工业互联网安全开展行业指导管理。地方工业和信息化主管部门指导本行政区域内应用工业互联网的工业企业的安全工作，同步推进安全产业发展，并联合应急管理部门推进工业互联网在安全生产监管中的作用；地方通信管理局监管本行政区域内标识解析系统、公共工业互联网平台等的安全工作，并在公共互联网上对联网设备、系统等进行安全监测。生态环境、卫生健康、能源、国防科技工业等部门根据各自职责，开展本行业领域工业互联网推广应用的安全指导、监管工作。

（二）构建工业互联网安全管理体系

3. 健全安全管理制度。围绕工业互联网安全监督检查、风险评估、数据保护、信息共享和通报、应急处置等方面建立健全安全管理制度和工作机制，强化对企业的安全监管。

4. 建立分类分级管理机制。建立工业互联网行业分类指导目录、企业分级指标体系，制定工业互联网行业企业分类分级指南，形成重点企业清单，强化逐级负责的政府监管模式，实施差异化管理。

5. 建立工业互联网安全标准体系。推动工业互联网设备、控制、网络（含标识解析系统）、平台、数据等重点领域安全标准的研究制定，建设安全技术与标准试验验证环境，支持专业机构、企业积极参与相关国际标准制定，加快标准落地实施。

（三）提升企业工业互联网安全防护水平

6. 夯实设备和控制安全。督促工业企业部署针对性防护措施，加强工业生产、主机、智能终端等设备安全接入和防护，强化控制网络协议、装置装备、工业软件等安全保障，推动设备制造商、自动化集成商与安全企业加强合作，提升设备和控制系统的本质安全。

7. 提升网络设施安全。指导工业企业、基础电信企业在网络化改造及部署 IPv6、应用 5G 的过程中，落实安全标准要求并开展安全评估，部署安全设施，提升企业内外网的安全防护能力。要求标识解析系统的建设运营单位同步加强安全防护技术能力建设，确保标识解析系统的安全运行。

8. 强化平台和工业应用程序（APP）安全。要求工业互联网平台的建设、运营单位按照相关标准开展平台建设，在平台上线前进行安全评估，针对边缘层、IaaS 层（云基础设施）、平台层（工业 PaaS）、应用层（工业 SaaS）分层部署安全防护措施。建立健全工业 APP 应用前安全检测机制，强化应用过程中用户信息和数据安全保护。

（四）强化工业互联网数据安全保护能力

9. 强化企业数据安全防护能力。明确数据收集、存储、处理、转移、删除等环节安全保护要求，指导企业完善研发设计、工业生产、运维管理、平台知识机理和数字化模型等数据的防窃密、防篡改和数据备份等安全防护措施，鼓励商用密码在工业互联网数据保护工作中的应用。

10. 建立工业互联网全产业链数据安全管理体系。依据工业门类领域、数据类型、数据价值等建立工业互联网数据分级分类管理制度，开展重要数据出境安全评估和监测，完善重大工业互联网数据泄露事件触发响应机制。

（五）建设国家工业互联网安全技术手段

11. 建设国家、省、企业三级协同的工业互联网安全技术保障平台。工业和信息化部统筹建设国家工业互联网安全技术保障平台。工业基础较好的省、自治区、直辖市先期试点建设省级技术保障平台。支持鼓励机械制造、电子信息、航空航天等重点行业企业建设企业级安全平台，强化地方、企业与国家平台之间的系统对接、数据共享、业务协作，打造整体态势感知、信息共享和应急协同能力。

12. 建立工业互联网安全基础资源库。建设工业互联网资产目录库、工业协议库、安全漏洞库、恶意代码病毒库和安全威胁信息库等基础资源库，推动研制面向典型行业工业互联网安全应急处置、安全事件现场取证等工具集，加强工业互联网安全资源储备。

13. 建设工业互联网安全测试验证环境。搭建面向机械制造、电子信息、航空航天等行业的工业互联网安全攻防演练环境，测试、验证各环节存在的网络安全风险以及相应的安全防护解决方案，提升识别安全隐患、抵御安全威胁、化解安全风险的能力。

（六）加强工业互联网安全公共服务能力

14. 开展工业互联网安全评估认证。构建工业互联网设备、网络、平台、工业APP等的安全评估体系，依托产业联盟、行业协会等第三方机构为工业互联网企业持续开展安全能力评测评估服务，推动工业互联网安全测评机构的审核认定。

15. 提升工业互联网安全服务水平。鼓励和支持专业机构、网络安全企业等提供安全诊断评估、安全咨询、数据保护、代码检查、系统加固、云端防护等服务。鼓励基础电信企业、互联网企业、系统解决方案提供商等依托专业技术优势，加强与工业互联网企业的需求对接，输出安全保障服务。

（七）推动工业互联网安全科技创新与产业发展

16. 支持工业互联网安全科技创新。加大对工业互联网安全技术研发和成果转化的支持力度，强化标识解析系统安全、平台安全、工业控制系统安全、数据安全、5G安全等相关核心技术研究，加强攻击防护、漏洞挖掘、态势感知等安全产品研发。支持通过众测众研等创新方式，聚集社会力量，提升漏洞隐患发现技术能力。支持专业机构、高校、企业等联合建设工业互联网安全创新中心和安全实验室。探索利用人工智能、大数据、区块链等新技术提升安全防护水平。

17. 促进工业互联网安全产业发展。充分利用国家和地方网络安全产业园（基地）等形式，整合相关行业资源，打造产学研用协同创新发展平台，形成工业互联网安全对外展示和市场服务能力，培育一批核心技术水平高、市场竞争能力强、辐射带动范围广的工业互联网安全企业。在汽车、电子信息、航空航天、能源等重点领域开展试点示范，遴选优秀安全解决方案和最佳实践，并加强应用推广。

三、保障措施

（一）加强组织领导，健全工作机制。在工业互联网专项工作组的统一指导下，加强统筹协调，强化部门协同、部省合作，构建各负其责、紧密配合、运转高效的工作机制。各地工业和信息化、教育、人力资源社会保障、生态环境、卫生健康、应急管理、国有资产监管、市场监管、能源、国防科技工业等主管部门及地方通信管理局要加强配合，形成合力。

（二）加大支持力度，优化创新环境。各地相关部门要结合本地工业互联网发展现状，优化政府支持机制和方式，加大对工业互联网安全的支持力度，鼓励企业技术创新和安全应用，加快建设工业互联网安全技术手段，推动安全产业集聚发展。

（三）发挥市场作用，汇聚多方力量。充分发挥市场在资源配置中的决定性作用，以工业互联网企业的安全需求为着力点，形成市场需求牵引、政府支持推动的发展局面。汇聚政产学研用多方力量，逐步建立覆盖决策研究、公共研发、标准推进、联盟论坛、人才培养等的创新支撑平台，形成支持工业互联网安全发展合力。

（四）加强宣传教育，加快人才培养。深入推进产教融合、校企合作，建立安全人才联合培养机制，培养复合型、创新型高技能人才。

开展工业互联网安全宣传教育，提升企业和相关从业人员网络安全意识。开展网络安全演练、安全竞赛等，培养选拔不同层次的工业互联网安全从业人员。依托国家专业机构等，打造技术领先、业界知名的工业互联网安全高端智库。

附录C
工业互联网标识管理办法

工业和信息化部关于印发
《工业互联网标识管理办法》的通知

工信部信管〔2020〕204 号

各省、自治区、直辖市及计划单列市、新疆生产建设兵团工业和信息化部主管部门，各省、自治区、直辖市通信管理局：

现将《工业互联网标识管理办法》印发给你们，请认真贯彻落实。

工业和信息化部

2020 年 12 月 25 日

工业互联网标识管理办法

第一条 为促进工业互联网标识解析体系健康有序发展，规范工业互联网标识服务，保护用户合法权益，保障标识解析体系安全可靠运行，根据《中华人民共和国网络安全法》《中华人民共和国电信条例》《互联网信息服务管理办法》《互联网域名管理办法》《电信业务经营许可管理办法》《通信网络安全防护管理办法》等法律法规和规章，制定本办法。

第二条 在中华人民共和国境内从事工业互联网标识服务应当遵守本办法。

工业互联网标识是指工业互联网中使用的用于唯一识别和定位物理对象或数字对象及其关联信息的字符。

工业互联网标识服务是指从事工业互联网标识解析根节点的运行和管理、国家顶级节点的运行和管理、递归节点的运行和管理、标识注册和管理、标识公共解析等活动。

提供工业互联网标识服务的机构（以下统称标识服务机构）包括工业互联网标识解析根节点运行机构、国家顶级节点运行机构、标识注册管理机构、标识注册服务机构、递归节点运行机构。

工业互联网标识参照互联网域名有关规定管理。

第三条 工业和信息化部对境内标识服务实施监督管理，主要职责是：

（一）制定工业互联网标识管理政策文件、发展规划和工业互联网标识解析体系架构；

（二）管理根节点运行机构、国家顶级节点运行机构、标识注册管理机构、递归节点运行机构；

（三）管理工业互联网标识服务；

（四）负责工业互联网标识解析体系的网络安全管理；

（五）依法保护用户信息和合法权益；

（六）负责与工业互联网标识有关的国际协调；

（七）管理其他工业互联网标识服务相关活动。

第四条 各省、自治区、直辖市通信管理局对本行政区域内的标识服务实施监督管理，主要职责是：

（一）贯彻落实标识管理政策文件、发展规划和工业互联网标识解析体系架构；

（二）管理标识注册服务机构、递归节点运行机构；

（三）协助工业和信息化部对标识服务机构进行管理；

（四）管理工业互联网标识服务；

（五）负责工业互联网标识解析系统的网络安全管理；

（六）依法保护用户信息和合法权益；

（七）管理其他工业互联网标识服务相关活动。

第五条 鼓励企事业单位依法在境内从事工业互联网标识服务，不断提升服务质量，推动技术创新和应用实践，加强国际交流与合作，支持相关行业组织积极加强行业自律，促进工业互联网标识服务健康有序发展。

第六条 标识服务机构应当根据《互联网域名管理办法》《电信业

务经营许可管理办法》的有关规定，取得工业和信息化部或者省、自治区、直辖市通信管理局（以下统称电信管理机构）的相应许可。

根节点运行机构应当取得"互联网域名根服务器设置及其运行机构"许可。国家顶级节点运行机构、标识注册管理机构应当取得"互联网域名注册管理机构"许可。标识注册服务机构应当取得"互联网域名注册服务机构"许可。递归节点运行机构应当取得"域名解析服务"增值电信业务经营许可。

未取得上述相关许可，任何组织或个人不得从事工业互联网标识服务。

第七条 为保障标识解析体系稳定运行，标识服务机构应当根据国家工业互联网标识解析体系架构制定完整的系统对接方案，确保相关标识服务系统对接。根节点运行机构应当与国家顶级节点运行机构同步境内解析路由数据，标识注册管理机构应当与国家顶级节点运行机构同步境内标识注册数据，标识注册服务机构应当与国家顶级节点运行机构同步标识注册数据和标识解析路由数据。

第八条 标识服务机构使用的编码、网络地址、网络专线等网络资源应当符合相关法律法规和电信管理机构要求。

第九条 根节点运行机构、国家顶级节点运行机构、标识注册管理机构、标识注册服务机构应当在显著位置公布标识服务的内容、时限、费用，保证服务质量。

第十条 标识注册管理机构及标识注册服务机构面向用户提供标识注册服务，应当要求用户提供真实、准确、完整的身份信息。

标识注册管理机构及标识注册服务机构应当对用户提供的身份信息的真实性、完整性进行核验。

用户提供的身份信息不准确、不完整的，标识注册管理机构及标识注册服务机构应当要求其予以补正。用户不补正或者提供不真实的身份信息的，标识注册管理机构及标识注册服务机构不得为其提供标识注册服务。

第十一条 标识服务机构应当依照法律法规和规章的规定收集、存储和使用用户信息。标识服务机构在提供标识解析服务时，不得擅自篡改解析信息。

第十二条 标识服务机构应当依照相关法律法规和电信管理机构要求设立投诉受理机制，并在其网站首页和经营场所显著位置公布投诉受理方式，及时妥善处理用户投诉。

第十三条 标识服务机构应当遵守相关法律法规和国家标准，落实网络与信息安全保障措施，具备相应的技术、服务和网络安全保障能力，具备与业务规模相适应的网络与信息安全专业人员，并明确专门的责任部门与责任人。

标识服务机构应当建立网络安全防护技术手段，依法记录并留存标识注册日志、标识解析日志、维护日志和变更记录，各日志留存时长不少于六个月，保障标识服务的质量和标识服务系统安全。

第十四条 标识服务机构应当遵守相关法律法规和电信管理机构要求，建立健全的网络与信息安全监测技术手段和应急制度，定期备份标识注册、标识解析、业务运行等数据，配置必要的网络通信应急设备。

标识解析系统出现重大网络与信息安全事件时，标识服务机构应当按照相关规定及预案及时进行处置，并立即向电信管理机构和相关部门报告。

第十五条 电信管理机构依法对标识服务及其安全开展监督检查工作，标识服务机构应予以配合。

第十六条 标识服务机构应当建立相应的业务管理系统和安全保障系统，建立健全的监测、处置、应急、备份等操作规程，具备与其服务规模相适应的业务管理和安全保障能力，并按照电信管理机构要求上报相关数据。

第十七条 标识服务机构开展标识服务违反相关法律法规和规章规定的，由电信管理机构依照相关法律法规和规章规定给予相应的行政处罚。

第十八条 本办法下列用语的含义是：

（一）根节点运行机构：是指依法取得许可，在标识体系中承担根节点功能，在境内运行和管理根服务器，提供标识解析、数据管理等服务的机构。

（二）国家顶级节点运行机构：是指依法取得许可，承担国家顶级节点服务器运行和管理，提供标识解析、数据管理等服务的机构。

（三）标识注册管理机构：是指依法取得许可，承担面向标识注册服务机构的标识注册和管理，并负责管理注册服务器运行的机构。

（四）标识注册服务机构：是指依法取得许可，承担注册服务器运行和管理，提供面向企业用户或者个人用户标识注册、解析和数据管理服务的机构。

（五）递归节点运行机构：是指依法取得许可，提供工业互联网标识递归解析服务的机构。

第十九条 工业互联网标识的管理应符合国家物品编码及标识相关管理要求。

第二十条 本办法自 2021 年 06 月 01 日起施行。

附录 D
工业数据分类分级指南

工业和信息化部办公厅关于印发
《工业数据分类分级指南（试行）》的通知

工信厅信发〔2020〕6号

各省、自治区、直辖市及新疆生产建设兵团工业和信息化主管部门，有关中央企业：

现将《工业数据分类分级指南（试行）》印发给你们，请结合实际，认真贯彻执行。

工业和信息化部办公厅

2020年2月27日

工业数据分类分级指南（试行）

第一章 总则

第一条 为贯彻《促进大数据发展行动纲要》《大数据产业发展规划（2016-2020年）》有关要求，更好推动《数据管理能力成熟度评估模型》（GB/T 36073-2018）贯标和《工业控制系统信息安全防护指南》落实，指导企业提升工业数据管理能力，促进工业数据的使用、流动与共享，释放数据潜在价值，赋能制造业高质量发展，制定本指南。

第二条 本指南所指工业数据是工业领域产品和服务全生命周期产生和应用的数据，包括但不限于工业企业在研发设计、生产制造、经营管理、运维服务等环节中生成和使用的数据，以及工业互联网平台企业（以下简称平台企业）在设备接入、平台运行、工业APP应用等过程中生成和使用的数据。

第三条 本指南适用于工业和信息化主管部门、工业企业、平台企业等开展工业数据分类分级工作。涉及国家秘密信息的工业数据，应遵守保密法律法规的规定，不适用本指南。

第四条 工业数据分类分级以提升企业数据管理能力为目标，坚持问题导向、目标导向和结果导向相结合，企业主体、行业指导和属地监管相结合，分类标识、逐类定级和分级管理相结合。

第二章 数据分类

第五条 工业企业结合生产制造模式、平台企业结合服务运营模式，分析梳理业务流程和系统设备，考虑行业要求、业务规模、数据复杂程度等实际情况，对工业数据进行分类梳理和标识，形成企业工业数据分类清单。

第六条 工业企业工业数据分类维度包括但不限于研发数据域（研发设计数据、开发测试数据等）、生产数据域（控制信息、工况状态、工艺参数、系统日志等）、运维数据域（物流数据、产品售后服务数据等）、管理数据域（系统设备资产信息、客户与产品信息、产品供应链数据、业务统计数据等）、外部数据域（与其他主体共享的数据等）。

第七条 平台企业工业数据分类维度包括但不限于平台运营数据域（物联采集数据、知识库模型库数据、研发数据等）和企业管理数据域（客户数据、业务合作数据、人事财务数据等）。

第三章　数据分级

第八条 根据不同类别工业数据遭篡改、破坏、泄露或非法利用后，可能对工业生产、经济效益等带来的潜在影响，将工业数据分为一级、二级、三级等3个级别。

第九条 潜在影响符合下列条件之一的数据为三级数据：

（一）易引发特别重大生产安全事故或突发环境事件，或造成直接经济损失特别巨大；

（二）对国民经济、行业发展、公众利益、社会秩序乃至国家安全造成严重影响。

第十条 潜在影响符合下列条件之一的数据为二级数据：

（一）易引发较大或重大生产安全事故或突发环境事件，给企业造成较大负面影响，或直接经济损失较大；

（二）引发的级联效应明显，影响范围涉及多个行业、区域或者行业内多个企业，或影响持续时间长，或可导致大量供应商、客户资源被非法获取或大量个人信息泄露；

(三)恢复工业数据或消除负面影响所需付出的代价较大。

第十一条 潜在影响符合下列条件之一的数据为一级数据:

(一)对工业控制系统及设备、工业互联网平台等的正常生产运行影响较小;

(二)给企业造成负面影响较小,或直接经济损失较小;

(三)受影响的用户和企业数量较少、生产生活区域范围较小、持续时间较短;

(四)恢复工业数据或消除负面影响所需付出的代价较小。

第四章 分级管理

第十二条 工业和信息化部负责制定工业数据分类分级制度规范,指导、协调开展工业数据分类分级工作。各地工业和信息化主管部门负责指导和推动辖区内工业数据分类分级工作。有关行业、领域主管部门可参考本指南,指导和推动本行业、本领域工业数据分类分级工作。

第十三条 工业企业、平台企业等企业承担工业数据管理的主体责任,要建立健全相关管理制度,实施工业数据分类分级管理并开展年度复查,并在企业系统、业务等发生重大变更时应及时更新分类分级结果。有条件的企业可结合实际设立数据管理机构,配备专职人员。

第十四条 企业应按照《工业控制系统信息安全防护指南》等要求,结合工业数据分级情况,做好防护工作。

企业针对三级数据采取的防护措施,应能抵御来自国家级敌对组织的大规模恶意攻击;针对二级数据采取的防护措施,应能抵御大规模、较强恶意攻击;针对一级数据采取的防护措施,应能抵御一般恶意攻击。

第十五条 鼓励企业在做好数据管理的前提下适当共享一、二级数据，充分释放工业数据的潜在价值。二级数据只对确需获取该级数据的授权机构及相关人员开放。三级数据原则上不共享，确需共享的应严格控制知悉范围。

第十六条 工业数据遭篡改、破坏、泄露或非法利用时，企业应根据事先制定的应急预案立即进行应急处置。涉及三级数据时，还应将事件及时上报数据所在地的省级工业和信息化主管部门，并于应急工作结束后 30 日内补充上报事件处置情况。